論理的でありながら
感情に訴える

大人の文章力

齋藤 孝
TAKASHI SAITO

大和出版

はじめに

ビジネス上の文章を書いていて、こんなふうにハタと困ったことはないでしょうか。

心から本当に願っているんだけど、「心から本当にお願いいたします」とそのまま書いても**気持ちが伝わらない。**

「思います」「思いました」「思います」と**文末がワンパターンになってしまった。**

どう言葉を選べば、キレている相手の**怒りが収まるように詫びる**ことができるのか。

定型的な「ビジネス文書」の作成なら、困ることはありません。

「貴社よりのご注文品は、本日○○時に添付の納品書通り、すべて○○運送にてお送り申し上げました。ご査収のほどをお願い申し上げます」

こんなテンプレートを呼び出し、○○を埋めればオーケーです。通常の仕事は、それで片がつくでしょう。

しかし、重要な仕事は、そうはいきません。「頼む」「断る」「謝る」「提案する」などといった難易度の高い場面では、定型的な文書によって相手の「いいね！」を引き出せる確率は、かなり低くなるでしょう。

仕事は人と人の関係の中で進みます。**仕事を動かすには、どれだけ人の心を動かせるかがキモ**になるのです。

自分の言葉で、オリジナルな表現をする必要があります。

でも、どう書けばいいのか……？

だから、ハタと困ったりするのです。

学生時代はＳＮＳなどで軽やかに文字を打っていた教え子たちが、就活中や就職後、最初にぶつかる壁も「ビジネス文章」です。

それにも理由があります。

ビジネス文章には、その人の知性や論理力、表現力や気配りといった能力が凝縮さ

れるからです。たった1枚のペーパー、たった1通のメールで、それらが全部、相手にわかってしまいます。

そして、**相手の評価のよしあしは仕事の結果としてモロに自分に返ってきます。**仲間うちのおしゃべりだったSNSとのレベル差が身に迫り、壁を感じるのです。

では、どうすればビジネス文章力を高めることができるのでしょうか。

語彙《ごい》を豊かにすることが一番です。

では、語彙を豊かにするには？　ちょっと遠回りのようですが、名著をたくさん読むのが王道です。同時に教養や知性も磨くことができます。

ただ、「うーん、それはちょっと遠回りすぎ？」という人が多いかもしれません。

そこで、まずは**範囲をビジネスに必要な語彙に絞る**ことにしましょう。

たとえば、「お願いします」を、「伏してお願いいたします」「なにとぞお力添え下さい」「知恵をお借りしたく存じます」「お骨折りいただけますでしょうか」などと使い分けられるレベルを目ざすのです。

あるいは、「思います」「思います」の羅列《られつ》ではなく、「存じます」「拝察します」「見ております」「にらんでいます」「印象を受けます」がサラッと並ぶレベルです。

文章力が格段に上がります。

同時に、相手から「こいつはデキる」と思われるようになります。

もちろんそれは、相手があなたの語彙の豊かさをいちいちチェックした結果ではありません。一読してなんとなく、「デキる」と感じるだけです。

でも、その「なんとなく」が肝心なのです。

それは、**言葉が自然な形で相手の心に届いている証拠**だからです。

心に届く文章を書くことへのこだわりは、あなたのビジネス能力全体にブレークスルーを起こすでしょう。

「ビジネス上の文章はお堅く書くもの」という誤解は捨てましょう。それは「ビジネス文書」のことです。文書も文章も、**「お堅く書く」**のでなく、**「伝わるように書く」**ことに注意を払って下さい。

「論理的に書けば通るはず」という思い込みも改めましょう。たとえば組み立てブロックのレゴは何種類ものパーツが揃ってこそ、大きな作品を構築できます。同じように、**語彙が豊かであってこそ、論理を堅固に、説得的に組み立てられる**のです。

「それでも、語彙と聞くと身構えてしまう」人もいるでしょう。

大丈夫です。語彙と聞くと、クイズのような難読語彙とか、なじみのない古語や伝統的和語を連想するから身構えるのだと思います。

本書には、そういう「知っておいたほうがいいけど……範囲が広すぎ！」的な言葉は、基本的に登場しません。

そのかわり、ビジネスで多用されるカタカナ語彙などはたっぷり解説しています。いわば、ファーストクラスではなく、**最初からビジネスクラスを目ざす**のです。

どうでしょう？　少し肩の力が抜けて、うまく書ける気がしてきたのではないでしょうか。

定型を踏まえていながら人間味があり、感情に訴える。

論理的で冷静でありながら、熱意や誠意が伝わってくる。
「考えてみよう」「いい返事をしよう」「会いたい」と相手の気持ちがスッと動く。
そんな大人の文章力を、本書で身につけて下さい。

齋藤《さいとう》 孝《たかし》

もくじ　論理的でありながら感情に訴える　大人の文章力

はじめに……3

序章

伝わるビジネス文章の基本

月並みな表現から抜け出す

理性に訴えつつ感情を揺さぶる……18
相手より「下」の位置から書く……20
決まり文句を個性的に使う……24
日常生活の中で語彙を増やす……27
仕上げは声に出して読む……30
2つの気づかいで致命的ミスをなくす……32

第1章

最初の1行で心をつかむ

挨拶と定型文の言葉づかいアップ

「挨拶プラス一言」が書き始めの基本……38
件名で内容を過不足なく伝える……40
敬語の「ランク」に注意する……42
お堅い文書を個人的な言葉で飾る……44

文章力を上げる語彙

賜る……48／不躾……49／ご無沙汰……50／ご清栄……50／お引き立て……51
ご高配……52／ひとかたならず……52／幾重にも……53／ひとえに……53
衷心より……54／私ども……54／弊社……55／貴・御……56／拙・愚・浅・非……56
拝察……57／拝承……58／清覧……59／運びとなる……59／拝眉の上……60
ご教示下さい……61／お導き下さい……61

第2章

相手に応じた一言を加える

「頼む・誘う」文の言葉づかいアップ

「おっ、いいね」という情報を加える……64
依頼理由は熱意を込めて具体的に……67
「あなたの都合にも配慮します」と示そう……68
本文と要件を分けて書く……73
フォーマルな文書は会社の方針に従う……75

文章力を上げる語彙

恐れ入りますが……78／お手数ですが……79／お忙しいところ……80
お差し支えなければ……80／折り入って……81／伏して……82／厚かましい……82
忍びないのですが……83／お力添え……83／お助け下さい……84／ご一報……85
ご高覧……85／ご用命……86／ご臨席……87／ご足労……87／万障お繰り合わせ……88
心待ち……89／幸甚です……89

第3章

ほめ言葉を使わずにほめる

感謝と賞賛文の言葉づかいアップ

漱石に学ぶ「ほめ言葉を使わないほめ方」……92
感謝は「報告文」のように具体的に……95
ほめ上手は「細部発見方式」がうまい……98
ほめられたら誇りつつ謙遜する……101

文章力を上げる語彙

痛み入る……104／恐悦……105／かたじけない……105／深謝……106
お礼の言葉もありません……106／頂戴する……107／恵贈……108／お心づくし……108
身にあまる……109／もったいない……109／珠玉の……110／比類ない……110
まれに見る……111／至上の……111／出色の……112／真骨頂……112／頭が下がる……113
薫陶を受ける……113／あやかる……114／慧眼……114／眼福……115

第4章

「詫びる・断る」文の言葉づかいアップ
次につながるようにノーを言う

とにかく早く無条件に謝る……118
事実確認はポイントを絞って確実に……120
断り状は「礼状」として書き始める……123
多忙を断る理由にしない……127
どんな場合も感謝の言葉でシメる……129

文章力を上げる語彙

ご寛恕……132／ご海容……133／お目こぼし……134／斟酌……134
不徳のいたすところ……135／汗顔の至り……136／慚愧……136／忸怩たる……137
恐懼する……138／肝に銘じる……138／襟を正す……139／遺漏ない……139
見合わせる……140／ハードルが高い……140／いたしかねます……141
猶予……141／苦渋の決断……142／ご賢察……143／粗相……143／齟齬をきたす……144

第5章

トラブル対処文の言葉づかいアップ「雨降って地固まる」関係をつくる

断定的な表現を避ける……146
主語を「私」以外の誰かに変えてみる……148
ネガティブ言葉に注意する……150
事実と感情をはっきり分けて書く……153
クレームには「共感性の原理」で応じる……155

文章力を上げる語彙

僭越ながら……158／おこがましい……159／若輩……159／管見……160／寡聞にして……160
手前味噌……161／よんどころない……161／語弊がある……162／言わずもがな……162
忌憚のない……163／膠着状態……164／暫定……164／ご放念下さい……165／遺憾……165

終章

ニュアンスを的確に使い分ける

使うべきカタカナ語45

何を基準にカタカナ語を選ぶか……168
こんな場合は文脈で判断する……170
あなたの日本語の進化のために……172

文章力を上げるカタカナ語

アサインメント……174／アジェンダ……175／アライアンス……175
イノベーション……175／インセンティブ……176／ウインウイン……176
エビデンス……176／ＯＪＴ……177／オルタナティブ……177／キャパシティ……177
キャリア……178／クラウド……178／コミットメント……179／コモディティ……179
コンセンサス……180／コンプライアンス……180／コンペティター……180
サマリー……181／シナジー……181／シュリンク……181／ショート……182
スキーム……182／ステークホルダー……182／セグメント……183／タスク……183
ダイバーシティ……184／デシジョン……184／デフォルト……184／ナレッジ……185

ニッチ……185／バジェット……185／パラダイム……186／PDCAサイクル……186
BtoB……186／フィックス……187／プライオリティ……187／ボトルネック……187
マイルストーン……188／リスクヘッジ……188／リソース……188／リテラシー……189
リノベーション……189／レジェンド……190／レジュメ……190／ローンチ……190

「言い換え力」向上索引

本文デザイン　ISSHIKI／デジカル
編集協力　菅原佳子、アールズ・吉田宏

序章

伝わるビジネス文章の基本

月並みな表現から抜け出す

理性に訴えつつ感情を揺さぶる

理性に訴えつつ、感情を揺さぶる。

これを、ビジネス文章の第1の心構えにしましょう。

ビジネスは理性的、合理的な経済行為ですが、ビジネスを進めるのは人間。

だから、感情を無視・軽視しては、やっぱりギクシャクします。本来はイエスであって当然な事柄が、ノーに逆転する不合理も起き得ます。

書式通りに書かれていながら、**なんだか人間味が漂う**。

論理的に組み立てられているのに、**どこか熱い心を感じてしまう**。

アグレッシブに仕事を進めるためには、こんな文章を目ざしましょう。

もちろん、「ご査収下さい」といった日常的な納品確認などは、定型文書のテンプレート通りでオーケーです。相手が品物を確認して、やりとりは完了。文章力なんか関係ありません。

でも、ビジネスは刻々と動きます。

納品に欠品があった場合は？　不良品が出て事故につながってしまったら？

出向いて頭を下げると同時に、文書やメールによる謝罪が求められるでしょう。

テンプレートはもう使えません。自分の言葉でオリジナルな表現をしなければ……。

この時、きちんとした文章力が必要になるのです。

たとえば、「申し訳ありません」と書くよりも、

「**お詫びの言葉もございません**」

のほうが誠意が伝わりやすいかもしれません。

あるいは、「お許し下さい」よりも、

「**ひらにご容赦《ようしゃ》下さい**」

のほうがいい場合もあります。

謝罪だけでなく、ビジネスでは「頼む」「断る」「提案する」といった難易度の高い局面が次々とやってきます。

難易度が高くなればなるほど、ヒューマンな要素がビジネスの成否に大きく関わるようになります。

感情抜きでドライに伝えるのは、実はビジネスライクではないのです。

言い分が通るかどうかは言い方で決まる、という感情的な要素を文章でも意識しましょう。

相手より「下」の位置から書く

常に相手よりも下の位置から書く。

これが、ビジネス文章の第2の心構えです。

日本のお辞儀文化は、今や世界的に知られています。たとえば2009年には、初来日したオバマ米国大統領が天皇皇后両陛下に深々とお辞儀をして話題になりました。サッカーの長友佑都《ながともゆうと》選手も、イタリアのインテル時代、ゴールを決めると「お辞儀パフォーマンス」をして人気を呼びました。

頭を低くして敬意を示しながら相手の懐《ふところ》に入る。

お辞儀は、そういう日本独特の距離の詰め方です。

身をかがめると視線が下がり、自分は相手を見ることができなくなります。でも、相手は自分を見ることができる。

そういう**視線の非対等性をつくることで「あなたを攻撃する意思はありません」と伝える**わけです。

ビジネス文章を書く時も、このような非対等性を意識しましょう。

「自分のほうが立場が下です。あなたには逆らいません」という思いを込めるのです。

立場がはっきりすると、うまく言葉を選べますし、相手の好感情も得られます。

特に、「断る」「抗議する」「督促する」「反論する」といった場面では、上から目線になりがちです。しかし、上に立てる場合でも、下から目線で言葉を選ぶのが大人のビジネスパーソンだといえます。

たとえば、応じる気がまったく起きない申し出に対しても、「数ある対象の中から自分を選んでくれたのはありがたいことだ」と考えましょう。

いきなり「残念ながら今回はご辞退申し上げます」とノーを突きつけるのでなく、まずは感謝と恐縮を惜しみなく表現します。

> このたびのお申し出は大変ありがたく、この上なく光栄なことと身のすくむ思いでおります。
> 御社の新製品発表会は、最先端技術ご披露の場として広く知られております。その席へご招待いただき、ただ感激しております。

このように身を低くしてこそ、本意であるノーをはっきり伝えられます。

中には身を低くせず、単に**あいまいな表現をすることで配慮を示そうとする人もいますが、意思が伝わらないために逆効果になる**でしょう。

「ご遠慮申し上げたほうがよいのではと上司ともども迷っている次第で……」といった、シュートを打つでもなく、パスを回すでもない言い方では、相手が困ります。

なお、ノーを伝えた後も、再び下から目線の一文を添えて締めくくります。

> このたびはやむを得ず失礼させていただきますが、またの機会がございましたら、どうぞ、お声をおかけ下さいますようお願い申し上げます。ご盛会を心からお祈り申し上げております。

「敬語さえ使えば尊敬の念や、謙譲の姿勢くらいは伝わるはずだ」と誤解しないことです。敬語はグラウンドでプレーする時のルールにすぎません。どういう視線から発想し、言葉を選ぶか。それが得点のカナメです。

決まり文句を個性的に使う

決まり文句をうまく使って、オリジナリティを出す。

ビジネス文章の第3の心構えは、これです。

社会に出た教え子が研究室を訪れてくれるのは、教師の大きな喜びです。どんな仕事にどんな問題意識で取り組んでいるのかなど、話は尽きません。

ある時、社会人1年生の教え子が「ビジネス文章は、なぜあんなにステレオタイプ（類型的）なんでしょうね」と疑問を口にしました。

確かにビジネス文書では、「ご清祥《せいしょう》」「ご高配を賜《たまわ》り」「ご愛顧のほどを」「拝察いたします」といった決まり文句を頻繁に使います。

教え子はこれを、オリジナリティのない月並みな表現だと受け止めたのでしょう。

実は、組織人になったばかりの私自身もかつてそうでした。

大学に籍を置いて組織人となれば、会議の資料や各種の礼状といったビジネス文書を結構、たくさん書かなければなりません。ビジネス文書の作成は、オリジナリティを追求する創作的な文章と正反対の書き方であり、退屈きわまりなかったのです。

しかし、イヤがってばかりでは進歩がありません。

そこで私は、「**ビジネスの決まり文句も語彙のうちだ**」と発想を転換しました。できるだけ多くの決まり文句と、その組み合わせを覚え、積極的に使い始めました。

決まり文句に自分の言葉を加えることでオリジナリティをつければ面白くなるはずだと考えたのです。

決まり文句を定型的に並べるだけで、ビジネス文章の7～8割を形づくることができます。

形ができると、ポイントがいくつか見えてきます。

そこに自分らしい表現を加えたり、気持ちのこもる語彙に置き換えたりする。

これで、ゼロから書き起こすよりもはるかにラクに、自分のオリジナルな文章をつくることができます。

肩肘張《かたひじ》ることはありません。こんなちょっとした加筆でいいのです。

> テンプレート　本当にありがとうございました。引き続きよろしくお願い申し上げます。
>
> オリジナル　**私だけではとてもできなかったと思います。**本当にありがとうございました。**特に○○の場面ではハッと目が覚めるような新鮮な感覚を味わいました。今後の指針にさせていただきます。**引き続きよろしくお願い申し上げます。

一言、二言、自分らしい言葉があるだけでインパクトはグッと強まり、「顔の見える文章」になります。たとえ決まり文句が7～8割を占めていても、個性や気持ちを十分に伝えられるのです。

日常生活の中で語彙を増やす

語彙を意識的に増やす。

これがビジネス文章の第4の心構えになります。

語彙の増強は文章上達の一番の近道なので、次の第1章から、ビジネスの決まり文句の中でも文章力を上げるのに役立つ語彙を具体的にあげて解説します。

まったくなじみのない言葉ではなく、ビジネスで使っている言葉の「類語」の範囲ですから、すんなり頭に入ると思います。それを使いこなすだけで、的確な文章を書けるようになるでしょう。

そうなると、さらなる語彙の増強をしたくなると思います。

王道は名著をたくさん読むことですが、別のトレーニングでも語彙を増やすことができます。

最もバラエティ豊かにトレーニングできるのは、テレビでしょう。

私はテレビのコメンテーターを務めていることもあって、テレビをよく見ます。**これと思う番組を片はしから録画し、時間のある時に倍速で見る**のです。

ＣＭも飛ばしません。重要な語彙源であり、時代を知る糸口でもあるからです。

歌番組は**歌詞をじっくり聴きます**。阿久悠《あくゆう》さんや、なかにし礼《れい》さんといった名作詞家たちの歌詞は、一語一語が名コピーであり、鋭い比喩に満ちていて勉強になったものです。

ドラマでは**セリフ回しに注目**します。いいドラマのセリフには言葉の斬新な使い方やエスプリが随所にあって、聞くだけで表現力が磨かれます。宮藤官九郎《くどうかんくろう》さんや三谷《みたに》幸喜《こうき》さん、野島伸司《のじましんじ》さんといった有名どころはもちろん、セリフ感覚の鋭い脚本家は数多くいます。

また、その気になれば、ワイドショーやニュース番組でも語彙の錬磨ができます。

タレントやお笑い芸人の言葉づかいに触発されることも多いでしょう。

たとえばアート系の語彙を増やしたい時は、『美の巨人たち』などの美術番組を継続して視聴するといった方法もあります。

もう1つの語彙トレーニングは、ネットの活用です。

検索やネットサーフィンをしている時、目的のサイトの**フォロワーの言葉や、「感想」「評価」にも目を通す**ようにするのです。「この表現はすごい！」と驚くような言葉にしばしば出会います。

私はネットのニュースを毎日チェックしますが、その際、とりわけコメント欄をよく読みます。すると、一般の方の中にも、実に的確な言葉でコメントされている方がいて、勉強になります。

ニュースへのコメントだけでなく、本やＤＶＤ、ＹｏｕＴｕｂｅへのコメントなども参考になります。

このように毎日数百のコメントを読むことは、自然に、言葉の現代的な感覚を身につけるトレーニングとなっています。

仕上げは声に出して読む

ビジネス文章に個性や人間味を出すために、できればしたいことが2つあります。

1つは、書いたら**声に出して読んでみる**ことです。

もちろん、よほど気を張る場合以外、全文を音読する必要はありません。

「どっちの表現がいいか？」と迷った時や、「ここがこの文書の価値を左右する！」と力を入れる箇所だけを音読します。

言葉の原点は声に出すこと。どんなによさそうな表現でも、**実際に読んで「なんとなくしっくりこない」「舌を噛みそうだ」といった違和感がある場合は、最適ではない**と考えられるのです。

名文にはほどよいリズムがあって、難しそうな言葉が並んでいても、声に出すと意外にすらすら心地よく読み進められるものです。

音読して違和感があるのは、文章がこなれていなかったり、必要以上に形容詞が並んでいたりと、どこかに問題点があるからです。

できればしたいことの2つめは、1つ1つの**文章を短くする**ことです。

1つの文章では1つのことを言う。

これを理想としましょう。

「ですが」「といえるものの」「である一方で」といった言葉で文章をだらだらつなげないようにします。理解しにくくなるばかりです。長い文章は「読みにくいなあ」という強い負担を与えるため、読み進めてくれなくなる恐れもあります。

たとえば、夏目漱石を人気作家に押し上げた名作『吾輩《わがはい》は猫である』は、こう書き始められています。

「吾輩は猫である。名前はまだ無《な》い。どこで生れたかとんと見当《けんとう》がつかぬ。何でも薄暗いじめじめした所でニャーニャー泣いていた事だけは記憶している。吾輩はここで始《はじ》めて人間というものを見た。」

文章1つ1つが短く、快いリズムのあることがよくわかります。もちろん、音読しても違和感などまったくありません。

自分のオリジナル表現を追求していると、「短く、簡潔に」が崩れそうになることがあります。

「40字以上の文があったら短く切る」のを目安に推敲《すいこう》するといいでしょう。40字は、中学生の教科書における文章1つあたりの平均的な長さです。

2つの気づかいで致命的ミスをなくす

ビジネス文章で気をつけたいことが、2つあります。

1つは、**できるだけコピペを避けること**です。思いがけないミスが生じることがあります。

以前、ある会社から出演依頼のメールが来ました。

「齋藤先生にはますますご清栄のことと拝察申し上げます。さて……」と始まりましたが、読み進めると「……そういうわけで、ご出演をお願いするのはA先生以外には考えられません」と、いきなり別の方の名前が出てきました。

A先生に出演依頼をして断られ、私にお鉢が回ってきたのでしょう。

そのことが、A先生に使った文章をコピペで使い回したために、バレバレになってしまったわけです。

実は、こういう致命的なミスを犯したコピペメールが来たことは、以前にも何度かあります。日常的にコピペで文章を使い回していると、細部のチェックが甘くなるのでしょう。

大切な文書の作成では、**文例を参考にする場合も、別の文章や前の文章を転用する場合も、自分で入力する**のがお勧めです。

気をつけたいことの2つめは、**固有名詞を絶対に間違えない**ことです。相手の名前、社名、部署名、肩書き、商品名などを入念にチェックしましょう。

「そんなのは常識だ」と思うかもしれません。

しかし、落とし穴がいくつもあります。

たとえば、私にはしばしば「斉藤孝様」というメールや書状が来ます。しかし、私は「斉藤」ではなく「齋藤」です。「斎藤」は略字なのでオーケーですが、「斉藤」や「齊藤」などの「斉」「齊」は、正確にいえば違う文字です。

「富田」「冨田」や、「太田」「大田」なども気をつけて下さい。

「澤、櫻、會」といった旧字体を「沢、桜、会」といった新字体に書き換える場合も、一考を要します。

名エッセイ『パイプのけむり』で有名だった作曲家・團伊玖磨《だんいくま》さんは、「団伊玖磨様」と新字体で表書きされた郵便物は「私宛のものではない」と言って開封しなかったそうです。

会社名、商品名も油断なりません。

たとえば「ドン・キホーテ」を「ドンキ・ホーテ」と書き誤る人は少なくありません。「ドンキ」と言い慣れているので、うっかりするのでしょう。

「コカ・コーラ」は「・」が入るが、「ペプシコーラ」は入らないなど、微妙な違いは無数にあります。

あるいは、「新日鉄住金」「ＪＲ東日本旅客鉄道」は正式名称ではありません。それぞれ「新日鐵住金」「ＪＲ東日本旅客鐵道」です。

「鉄」は「金を失う」と書くため、ゲンをかついで旧字体や、「金偏に矢」という字を使うことにしたのです。

なお、**相手の名前や商品名が行末に来たり、2行にまたがったりするのも本来はマナー違反**です。

自分の名前が行頭にくるのも失礼に当たります。

「取引先のあの人は、そういうことを気にするような神経質な人じゃないから、修正しなくて大丈夫」と言い切れる相手が、何人いるでしょうか。

フランクなつき合いができていても、ビジネス上の人間関係は、あくまでビジネスの一部です。

相手の名前や商品名の表記がマナー違反に当たる場合は、ほかの言葉の長さを変えたり、改行したりして調整しましょう。

第1章

挨拶と定型文の言葉づかいアップ

最初の1行で心をつかむ

「挨拶プラス一言」が書き始めの基本

会話の場合は、「**挨拶プラスちょっとした雑談**」が距離をグッと縮めます。

ビジネス文章でも、「**挨拶プラス一言」が書き始めの基本**です。あるいは、挨拶の**決まり文句を丁寧な表現にするのもいい**でしょう。

たとえば、初めて送るメールなら、最初の言葉が、

「初めてメールを差し上げます」

でもいいのですが、次のようにすれば、相手はなんとなく安心し、本文に気持ちがスッと入っていくでしょう。

プラス自己紹介 **初めてメールを差し上げます。A社のB様にご紹介いただきましたCと申します。**

プラス動機 **初めてメールを差し上げます。実は御社の製品を店頭で手に取り、その素晴らしさに感動してご連絡いたしました。**

言葉づかいアップ **初めてメールを差し上げる不躾《ぶしつけ》をお許し下さい。**

「挨拶」の語源は、「一挨一拶《いちあいいっさつ》」という禅語です。
挨は「打つ」「押す」、拶は「近づく」「進む」「迫る」という意味。
禅の師が弟子に、「精進しているか」と尋ねる。弟子が、「はい。さらに励みます」と答える。あるいは禅僧同士が出会った時、相手の境地を知りたいと探りを入れる。聞かれた僧もそれに答えることで聞いた僧の境地を知る。そういうやりとりが、一挨一拶です。いずれにしても、**一方が柔らかく相手の世界の門を叩き、もう一方もそれ**

に気持ちを向けて応じるといった阿吽《あうん》の呼吸が込められています。単なる形式的な言葉のやりとりではないことを意識しましょう。

「プラス一言」は短いほうが好ましいと思います。長文の挨拶は、「本文も長いのでは？」と相手を警戒させます。

島崎藤村《しまざきとうそん》は、よい手紙とはどんなものかについて、こんなふうに言っています。

「何も**言い回しの巧みさを求めるものでもない。沢山な言葉を求めるでもない。**真情が直叙《ちょくじょ》されてあって、その人がよくあらわれていればと思うのだ」

件名で内容を過不足なく伝える

挨拶の前に位置する「件名」に、自分の名前を書く人がいます。しかし、

「Ａ社のＣです」

とだけ書くのは、「だから何？」と相手をイラッとさせる恐れがあります。

誰もが毎日たくさんのメールを受け取ります。件名を見ただけで内容がつかめるように、**件名には用件を書く**のが相手にストレスを与えない配慮です。

また、特に社内文書の場合など、「会議の件」とだけ書く人も多いようですが、「会議への出席依頼」なのか、「会議の資料配付」「会議の議場変更」なのかがわかるようにしましょう。

必要に応じて、さらに「**プラス一言**」すれば万全になります。

プラス名前 お見積もりのご依頼：**Ａ社のＣです**

プラス日時 **4月20日**の会議への出席依頼

プラス期限 4月20日の会議への出席依頼**【15日（月）までにご返信下さい】**

ちなみに私は、重要な日付には、曜日も添えるようにしています。曜日を添えることで、締切日をダブルチェックすることになり、正確を期することができます。

敬語の「ランク」に注意する

常に相手より下の位置から書くことがビジネス文書の心構えですが、挨拶の場合には、自分をどれくらい下の位置に置くかについて、特に気を配ります。**スタートで使う敬語のランクによって、その後の相手との関係性がほぼ決まる**からです。

たとえば「A先生におかれましてはいかがお過ごしでございましょうか」と最上級

の敬語を使えば、「私はあなたに従う立場です」と表明することになります。

その後の文章も最上級の敬語を用い続けなければなりません。

「Bさまにはいかがお過ごしでしょうか」なら一般的な敬意表現ですから、「私は下の位置におります」ということが過不足なく伝えられ、その後の文章も一般的な敬語でオーケーです。

挨拶が「Cさんはいかがお過ごしですか」という丁寧語レベルになると、「私たちはフランクな関係でいきましょう」という感覚が双方に生まれると思います。

最近は組織もフラット化し、上司・部下の間でも、堅苦しい言葉づかいは好まれない傾向にあります。

特別な相手以外は、**一般的な敬語の範囲で書き始めたほうがいい**でしょう。

商人の心得は、昔も今も「お辞儀と挨拶」だといいます。書面では、体の角度を変えることでお辞儀の丁寧度合いを表すことはできませんが、敬語のランクによって、同様のことを表せます。

言葉を選ぶことは、相手との関係性を選ぶことでもあるのです。

お堅い文書を個人的な言葉で飾る

ネットや文例集からそのまま抜き出したような堅苦しい挨拶文と、**なれなれしくない程度に柔らかめの挨拶文**では、どちらに好意を持つでしょうか。

たとえば、

「時下ますますご清祥のこととお慶び申し上げます」

「今後もご指導、ご鞭撻《べんたつ》のほどをよろしくお願い申し上げます」

これらは定番中の定番であり、問題はまったくありません。

でも、それぞれ、こうなっていたら？

うだるような暑さですが、ますますご清祥のこととお慶び申し上げます。
今回、お仕事をご一緒させていただき、本当に多くのことを学ばせていただきました。今後も、**またご一緒できることを心待ちにしつつ頑張りたいと存じます。**
ご指導、ご鞭撻のほどをよろしくお願い申し上げます。

場合にもよりますが、後者のほうに好意を感じるのではないでしょうか。いわば、カミシモを脱いでいるからです。

最初の挨拶が堅苦しいと、「最後まで堅苦しい定型文書だろう。内容も決まりきったものに違いない」という印象を受けます。

最後の挨拶が没個性だと、「なあんだ。結局自分を出さなかったか」と軽い失望を与えることもあるでしょう。

型通り書いてもいいのです。でも、型通り書きながらも、相手の顔を思い浮かべたり、自分の周囲を見回したりしながら、**「自分はあの人に何を伝えたいのか」**にフォ

ーカスした言葉を選んで加えていく。それが、自分自身をきちんと伝える文章を書くコツになります。

最近もこんなことがありました。

ある会社の担当者が転勤し、新しい担当者から挨拶状が届きました。封書で届いたので、上司も目を通して承認した正式なものだろうと思いますが、意外と自由に書かれていたのです。

たとえば自己紹介では、出身大学や前任地に型通り触れたあと、「高校時代からラグビーにはまり、今も休日は母校のグラウンドでスクラムを組んでいます」と続いていました。

元ラガーマン？　私が勤めている明治大学はラグビーが強いので、その話なんかしてみたいなあと、会うのが楽しみになりました。

さらに、家族のことまで書いてあるのです。

「わが家は横浜住まい。箱根駅伝のコースに近く、毎年家族で沿道に立ち、声を枯らして応援するのが正月行事です」

いいパパなんだろうと、会う前から好印象を持ちました。

もちろん、一般的なビジネス文章とはいえないでしょう。

私はこの会社と長いつき合いがあります。ここまで情報を開示したのは、恐らく、挨拶状の送り先が、私と同じように会社と長いつき合いのある人間だけだったのでしょう。

一般的には、**つき合いの薄い人や未知の人に対する文書では個性的な表現は控え目にし、気心が知れてくるにつれて情報を少しずつ開示する**ほうがいいと思います。

まあ、それはそれとして、この新担当者の例も、ビジネス文章がフランクになる方向に進んでいることを示している気がします。

文章力を上げる語彙

賜る

「もらう」を丁寧に言い表す言葉。「給る」とも書き、ビジネス敬語の定番といえます。**「ご愛顧を賜り、ありがとうございます」「結構なお品を賜り、感謝に堪えません」**などのようにあらゆる場面で使います。

奈良時代の『日本書紀』や、平安初期の『続日本紀《しょくにほんぎ》』などにも用例が見える古い言葉です。

一般的には「**いただく**」「**頂戴する**」「賜る」の順に、くれた相手に対する敬意が高まると考えていいでしょう。

不躾

未知の相手に文書を送る時は、「**不躾ながらメールを差し上げます**」などと書き出すのがきちんとした表現です。「目上の方、多忙な方なのに突然コンタクトして申し訳ありません」という思いを込められます。

「**恐縮ながら初めてメールを差し上げます**」「**突然メールを差し上げ、申し訳ありません**」といった書き方も同様です。

そこまでかしこまらなくていい場合は「**初めてご連絡させていただきます**」「**突然のメールで失礼いたします**」でオーケーです。「初めまして。A社のBと申します」と書く人がいますが、くだけた口語的表現であり、避けたほうがいいでしょう。

ご無沙汰《ぶさた》

しばらく連絡が途切れていた相手に連絡する時には、「お久しぶりでございます」と書くよりも、「**ご無沙汰しております**」「**長くご無沙汰してしまいました**」などと、「ご無沙汰」を使うほうが間違いがありません。

なぜなら、「お久しぶり」は、なんらかの方法で連絡は取り合っていたけれども顔は合わせていない場合に使う、やや口語的な表現だからです。特に目上の人には、「ご無沙汰」を使うほうがいいでしょう。

目上の人からの文書には「**久闊《きゅうかつ》をお詫びします**」と書かれてあることがあります。「久闊」は「無沙汰」と同じで、長く面会や連絡をしなかったことです。

ご清栄

「**貴社、ますますご清栄のこととお喜び申し上げます**」は挨拶表現の定番。同様の言葉である「**ご盛栄**」「**ご隆昌**」「**ご清祥**」「**ご健勝**」とは意味や使い方が微妙に異なることを知っておきましょう。

「ご清栄」は相手の健康と繁栄を祝う言葉。組織と個人の両方に使えます。

「ご盛栄」「ご隆昌」は相手の繁栄を祝う言葉。これも組織と個人の両方に使ってオーケーです。

「ご清祥」は相手の健康を祝う言葉なので、どちらかというと個人に使います。

「ご健勝」は相手の健康を願う言葉として、「**ご健勝をお祈り申し上げます**」などと文末に使うのが一般的です。

お引き立て

これまでおつき合いがあった相手に対する挨拶には、「**平素は何かとお引き立ていただき、ありがとうございます**」といったお礼の言葉を添えます。「**いつも大変お世話になります**」でも構いませんが、略式の印象を与えるかもしれません。

「お引き立て」には「相手のほうが立場が上だから引き立ててもらえる」という関係性が含まれますから、立場が上の人が下の人に対して使うと違和感を与えることがあります。

同じような時に使う言葉に、「**ご愛顧**」「**ご贔屓《ひいき》**」があります。ただ、「贔屓」には「部長は彼女ばかり贔屓にする」といった否定的な意味合いもあり、ビジネスでは使わないのが無難です。

ご高配

これもおつき合いがあった相手に対する挨拶の言葉で、「**平素は格別のご高配を賜り、厚くお礼申し上げます**」などと使います。「**ご配慮**」「**ご厚情**」「**ご芳情**」なども同様の意味です。

「お引き立て」「ご愛顧」には贔屓してもらう意味が、「ご高配」「ご配慮」「ご厚情」「ご芳情」には心配りをしてもらう意味がより強く出ますが、使い方は同じ。

たとえば、文章の頭に「お引き立て」を使ったら、文章の結びは「今後ともご高配を……」のようにして、同じ言葉の繰り返しを避けましょう。

ひとかたならず

感謝の気持ちを強調したい時は、「大層な」「大変な」でもいいのですが、「**ひとか**

たならぬお引き立てを賜り」のようにすると、グッと格式が上がります。

「ひとかたならず」「ひとかたならぬ」は、一通りではない、尋常ではない、という意味。『源氏物語』の「夕顔」で「ひとかたならず心あわただしくて」と使われているることでもわかるように、古くから用いられてきた言葉です。

幾重《いくえ》にも

「幾重にも」は、何度もという意味で、これも文章の格式を上げるために使える言葉です。「大変ありがとうございます」よりも「**幾重にもお礼申し上げます**」のほうが、また「本当に申し訳ありません」よりも「**幾重にもお詫び申し上げます**」のほうが格式が感じられるでしょう。

同様の言葉に「**重ね重ね**」「**重ねて**」があります。

ひとえに

まったく、ただただ、という意味で、「**ひとえに皆様のご支援の賜物です**」「**ひとえ**

にお詫び申し上げます」というように、さまざまな場面で使えます。
もとは「一重に」という意味ですが、「偏に」と書きます。

衷心《ちゅうしん》より

「心からお慶び申し上げます」で十分に意図は伝わりますが、「**衷心よりお慶び申し上げます**」のほうが成熟した感じになるでしょう。

「衷」は真心。「衷心」は心の底、本当の気持ちという意味。「衷心より」は、お礼、お祝い、お悔やみなどいろいろな場面で使える言葉です。

類似の言葉に「**せつに**」があります。「せつ」はひたすらという意味で、「**せつにお願い申し上げます**」など願望にまつわる表現でよく用いられます。

私ども

ビジネス文章の一人称は「私」、複数形は「**私ども**」とするのが常識です。

「私たち一同、心を一つに職務に邁進《まいしん》する所存です」でもよさそうな気がしますが、そうではありません。「たち」の語源は高貴な公達《きんだち》だからです。

一方、「ども」は、しもべや目下に対して使われた言葉で謙遜の意味合いが強く、自分を下の位置に置くビジネス文章にフィットします。

弊社《へいしゃ》

自分の会社は「弊社」と書くのがお勧めです。「弊」は、ぼろぼろになるという意味で謙遜を表します。明治9年の『郵便報知新聞』に使用例があり、定着した表現だといえます。

「**小社**」も似た意味ですが、大小という比較のニュアンスがあるため、場合によっては嫌味に受け取られる恐れがあります。

なお、「当社」「わが社」は相手と対等な表現なので、軽々しく使わないほうがいいでしょう。

貴・御

ビジネス文章は、どの一点を取っても相手に対する敬意がにじむ表現でまとめます。便利なのが「貴・御」といった尊敬の接頭語です。たいていは、「**貴社・御社**」「**貴行・御行**（銀行）」「**貴庁・御庁**（役所）」のようにどちらを用いてもオーケーですが、文書では「貴」が一般的です。

一方、話し言葉では「御」が多く使われます。「貴」は発音上、「貴社と記者」「貴庁と貴重」など同音異義語が多く、煩瑣《はんさ》なためです。

同じような接頭語に、令息、令嬢などに使う「**令**」、尊顔、尊容（お姿）などに使う「**尊**」などがあります。

拙・愚・浅・非

謙譲の接頭語は「弊・小」がよく使われますが、「拙・愚・浅・非」も覚えておくと便利です。

自分の文章や著書はそれぞれ「**拙文**」「**拙著**」と表現し、自分の考えは「**愚考**」「愚

案」と言います。あるいは、自分の考えや配慮、教養や知識は、それぞれ「**浅慮**」「**浅学**」とし、才能や力量に関しても「**非才・非力**」などのようにします。

一文字加えるだけで、へりくだった表現にできます。

拝察

「拝察」は「推察」のへりくだった表現で、相手の事情や心の中を思いやる意味。「**ご清祥のことと拝察します**」のように挨拶に使います。「思います」の言い換え語彙としても便利です。

文末が「思います」「思いました」「思った次第です」のようにワンパターンになると、「稚拙だなあ」「ちゃんと考えて書いてるのか？」などと思われ、評価が下がります。「拝察」をうまく使って、ワンパターン化を避けましょう。

「思う」の言い換え語彙には、こんな言葉もあります。

「**存じます**」（「思う」の謙譲語）、「**見ております**」（「考えている、判断している」）、「**にらんでいます**」（見当をつけている）、「**印象を受けます**」「**想像しております**」「**感じております**」「**考えております**」などです。

なお、「ご拝察下さい」は誤用です。「拝察」の「拝」は自分の行動に対して使う謙譲語。つまり「察する」のは自分自身でなければなりません。相手に「察して下さい」と言う場合は「ご賢察下さい」を使います。

拝承

「**拝承いたしました**」は、「了解しました」よりもきちんとした表現です。

「了解しました」はメールの定番語彙ですが、「了解」は本来、権限を持つ人間が部下などに許可を与える意味。目上の人間に対しては、「**承知いたしました**」「**かしこまりました**」を使うのが望ましいと思います。

それよりも丁寧なのが「拝承」です。「拝」はおがむ、「承」は両手で受ける意味。「謹んでうけたまわる」という強い謙譲の意を込められます。

なお、「**了承いたしました**」は、「わかりました」というより「それでいいですよ」というニュアンスが強いので、場面による使い分けが必要です。

また、「諒《りょう》とします」「了《りょう》とします」は、かなり上から目線の「それでいいよ」ですので、使わないのが無難です。

清覧

「**添付書類をご清覧いただければ幸いです**」のように使います。

普通に「読んで下さい」とお願いする時は、「**ご一読をお願いします**」「**お読み下さい**」「**お目通し下さい**」で十分ですが、気の張る相手に対しては、「清覧」を使うと安心です。

なお、謙譲の意味を表そうと、「ご笑覧下さい」と書く人がいますが、ビジネスではお勧めできません。「ごくつまらない文章なので、冷笑、苦笑しながらお読み下さい」という含意《がんい》があり、ビジネスに不向きです。

運びとなる

「**会議は明日13時開催の運びとなりました**」というように使います。

「会議は明日13時開催に決まりました」「会議は明日13時開催に変更されました」と書くよりも、フワリとした安心感が出せます。

「運びとなる」には、「物事が予定通り順調に進んではいるものの、着地点は少し変わった」という含みがあります。「決定」「変更」の両方の意味を含みながら、それをソフトに伝えるという日本人の心情に合った言葉なので、安心感が生まれます。ソフトに伝えるという点では**「会議は明日13時開催とあいなりました」**と書くのもいいでしょう。

拝眉《はいび》の上

「拝眉」は相手に会うことをへりくだって表現した言葉で、多くは**「拝眉の上でご説明いたします」「本来ならば拝眉の上ご挨拶すべきところ」**というように「相手に会った上で」という意味で使われます。**「お会いした上で」「お目にかかった上で」**と同じ意味ですが、「拝眉」のほうがちょっと知的な感じがするでしょう。

ご教示下さい

手順がわからない、状況を伝えてほしいといった具体的な内容について、短いスパンで教えやアドバイスを求める場合に使う言葉です。「**明日の会議の詳細をご教示ください**」のように使います。

「**お教え下さい**」「**お示し下さい**」も同じです。

「**ご教授下さい**」という言葉もありますが、こちらは長いスパンで教えを請う意味合いが強くなります。したがって、「**今後とも末永くご教授下さい**」というように、挨拶の言葉としても使うことができます。

お導き下さい

具体的な内容が特にあるわけではないが、相手よりも自分のほうが下だと伝えて敬意を示し、「私はあなたに指導を受け、学ぶ人間だという自覚があります」と示唆する挨拶の言葉が「お導き下さい」です。

「**お導きのほど、よろしくお願い申し上げます**」のように文章のシメによく使われる言葉です。

同様の挨拶言葉に、「**ご指導、ご鞭撻のほどをよろしくお願いいたします**」「**倍旧のご高庇《こうひ》ご指導を賜りますようお願いいたします**」などがあります。

「鞭撻」とはムチで打つことですが、もちろん決まり言葉にすぎません。「高庇」は、相手が施してくれる恵みのこと。

なお、文章の結びの挨拶には、冒頭の挨拶で用いる「お引き立て」「ご愛顧」「ご高配」といった言葉を「**倍旧の○○を賜りますようお願い申し上げます**」の○○の部分に挿入して使うと、格式の高いシメの言葉になります。

また、冒頭の挨拶に用いる「ご清栄」「ご盛栄」「ご隆昌」「ご清祥」といった言葉も「**ますますの○○を祈念しております**」といった形で使うことができます。

いずれも、1つの文書の中で同じ言葉を2度使わないように配慮して下さい。

第2章

「頼む・誘う」文の言葉づかいアップ

相手に応じた一言を加える

「おっ、いいね」という情報を加える

「応じてみようかな？」とフッと思わせる1行を書くことが、依頼文の最大のポイントです。勧誘文や提案書、案内文なども同様でしょう。

そのためには、第1に、依頼された相手が本能的に抱きがちな**「面倒臭いなあ」「メリットがないよね」といった拒否感をゆるめてあげる**ことが大切です。

どう書けばいいかは、相手の立場に立って考えると見えてきます。

たとえばパーティの出席依頼なら、こんな1行で気分をゆるめてあげられるかもしれません。

会場は駅と直結の徒歩１分。たとえ雨天でも濡れずにおいでになれます。ドレスコードなんてありません。ジーンズ姿でグルメを楽しめる会です。

あるいはゴルフコンペの誘いなら、日時や場所、賞品など必要事項を箇条書きして、「奮ってご参加下さい」と書いただけの案内状を見かけますが、腕前に自信がない人は尻込みするかもしれません。

ゴルフに入門したての方もたくさん参加される予定です。ワンホール回るごとに腕が上がるといわれる名コース。初心者ほど楽しめるに違いありません。

こんな1行があれば、「それなら私も」と出席へと背中を押されるのではないでしようか。

書面による依頼や案内なら、**1人1人の性格や個性に応じて、手書きで1行を加えると**、もっと効果的です。

たとえばワインの有料テイスティング会の招待状なら、こんな感じです。

> Aさんが以前からご興味をお持ちだったシャトー・マルゴーの○○○○が登場します。しかも2本！　ご期待下さい。

依頼には、相手に大したメリットがなくて諾否は好意にのみ依存するものと、相手にメリットが生じるものとがあります。仮にこのテイスティング会が前者であったとしても、実は**メリットがあると強調することで、参加したい気分を刺激する**ことができます。

依頼理由は熱意を込めて具体的に

「応じてみようかな？」とフッと思わせる2番目の条件は、**熱意を伝える**ことです。

私のところには、毎日のように執筆や講演、取材などの依頼状が届きます。どれも大変ありがたいお申し出ですが、残念ながら全部をお引き受けすることはムリです。

そんな中で心を惹かれるのは、**依頼理由が具体的に書かれてある文面**です。

そこに熱意を感じるからです。


齋藤先生のご著書『○○○』の第3章にありました「現実を動かす力のある文章」というコンセプトに私は強く心を揺さぶられました。さらにご著書『△△△』の

123ページでは、そういう文章力の磨き方にも言及されております。そこから本企画を考えついた次第です。

こんなふうに切り出されると、かなり忙しい時でも、依頼状を読みながら「なんとかしよう」と頭の中でスケジュール調整を始めたりします。「ああ、この人は私の本を熟読し、そこから新しいアイデアを発展させてくれたんだ」といった**ヒューマンな要素が伝わる文面であれば、美辞麗句や社交辞令は不要**なのです。

「あなたの都合にも配慮します」と示そう

「応じてみようかな？」とフッと思わせる3番目の条件は、**相手の都合に配慮してお**

り、それを優先する意思があると伝えることです。

依頼する側の都合ばかりが並べられている依頼状が少なくありません。でも、それだと参加したいと思っても、都合が合わなければ断るしかなくなります。

日取りや場所、時間の長さ、テーマなどが完全に決まっている場合は仕方がないでしょう。しかし、**融通がきく場合は、そう明記すべき**です。快諾を得る可能性が高まります。

たとえば、私に「4月10日」の講演依頼があったとします。

依頼状に「4月10日は当校の開校記念日にあたり」とあれば、私は「この日以外はダメなのだな。都合がつかないから断ろう」と考え、オーケーしたくても答えはノーになります。

しかし、単に「4月10日に」とある場合、「依頼した側は、その日以外でもいいのかもしれない。となると、10日はダメだけど、12日ならいいし、20日過ぎなら調整できる」となるかもしれないのです。

すなわち、たとえば次のような一言を明記するだけで、依頼は一歩前に進みます。

4月10日を希望しますが、その後の7日間であれば、先生のご要望によって調整可能です。

ほかの条件に関しても同じです。日取りはフィックスだけれど、テーマは仮であり、変えられるといった場合も少なくないでしょう。

テーマにつきましては、先生のお知恵も拝借させていただき、さらに練り上げたいと存じております。

なお、会の進行につきましては検討中であり、貴社のお考えをお聞かせいただければ幸いです。また、ほかにもご希望があればお申しつけ下さい。できる限り沿いたいと存じております。

このように「希望や要望を受け入れます」と示すと、相手はホッとして参加意欲をかき立てられるのです。

依頼や勧誘というと、すでに1から10までセッティングしてあり、相手は諾否を選ぶだけ、となりがちです。

しかし、本来、ビジネスは互いに都合をすり合わせながら進めるもの。双方の**思いや感情、利害やアイデアをミックスして決めていくほうがうまくいく**のです。

なお、依頼状や招待状は返事を確認できるようにフォローします。

社内メールであれば、件名に「4月1日までにご返信下さい」などと書くのがいいでしょう。社外メールであれば、本文の最後に、こんな一文を付します。書状の場合も同様にし、返信ハガキを同封しましょう。

> お手数ではございますが、ご出席の有無を4月1日までにご返信賜りますようお願い申し上げます。

出欠を電話で確認する場合もあります。そういう時は、いつ電話するかを明記しましょう。

勝手ながら準備の都合上、ご出席か否かを事前にご返事賜りたく、4月1日にお電話を差し上げます。

フォローの電話で、「こんな方も参加なさいます」とか、「堅苦しい会ではございません」「同じ業界の人が多く集まる会です」などと新たな情報を追加すると、イエスの数が増えるかもしれません。

たとえ返事がノーであった場合でも、フォローの行き届いた依頼状は相手の好感を呼び、その後のつき合いにプラスをもたらすでしょう。

本文と要件を分けて書く

ビジネスパーソンは、1日の中で仕事に使える時間をどれだけ確保するかが勝負。そんな時間勝負の中、**簡潔に書かれたメールは、それだけで価値が高い**といえます。

「簡潔」、つまり手短に要領よく書くのはあらゆる文書に求められる条件ですが、依頼や勧誘はことにそうです。

込み入っていて長いと、読んでもらえません。

それなのに、「お忙しいところ誠に恐縮ですが」と書き始めていながら、その後がやたらと長い依頼文が、しばしばあります。正直、ちょっとうんざりします。

私もそうです。あまりごちゃごちゃしていると、軽く深呼吸して気合を入れ直して読み進むくらいです。こちらが「お忙しい」とわかっていて、「誠に恐縮」しているのなら、もっと簡潔にまとめてから送って下さいよ、とツッコミたくなります。

丁寧に書くことと、長々と書くことは違うのです。

簡潔な文章に接すると、私は「この人は思考が整理されている」「私の読む時間を奪わないように、自分の時間を使ってくれた」と思って好感を持ちます。

簡潔、かつ丁寧な文章にするには、どうすればいいでしょうか？

本文と要件を分けて書くのがお勧めです。

挨拶や依頼の理由、内容の説明などが本文。

日時、場所、費用、参考資料などが要件。

本文の最後に、「記」とか「ご依頼の詳細は以下の通りです」などと書き、要件を箇条書きにした上、書体を変えたり枠で囲んだりすれば一目で内容をつかむことができ、親切です。

中には、要件を添付文書にする人もいます。

しかし、**依頼のファーストコンタクトでは、文書を添付しないほうがいい**と私は思います。

添付文書を開くひと手間を「惜しい」「面倒だ」と感じる人もいるからです。別メールで送られる暗証番号を使わなければ添付文書を開けないシステムになっている場合もあり、これは誰にとっても面倒でしょう。

ファーストコンタクトでは、サッと一読できる短い文面を送りましょう。

詳細情報を添付するのは、問い合わせを受けた時や、イエスの返事を得たあとで十分です。

フォーマルな文書は会社の方針に従う

ビジネス文書にはかなりの幅があります。

フォーマルな文書とカジュアルな文書は区別し、全体を組織的な観点から見ることが大切です。

たとえば創業記念パーティ、新社屋完成披露パーティ、社長交代といった会社のビッグイベントはフォーマル。祝賀式典はもちろん、それに続く懇親会などもフォーマルです。

一方、交流会やゴルフコンペ、担当者同士の小宴といった、ビジネスがからんでいるものの格式張らないイベントは、カジュアルと考えていいでしょう。

フォーマルな依頼や案内はメールですませず、書状にすることが多いものです。文章も、型通りのほうが好まれます。

同じフォーマルでも、ＩＴ系企業や若い起業者の場合はカジュアルっぽいセミフォーマルになっているようです。書状もデザインカードで、文章も自由形式であることが増えています。

どちらを選ぶかは、上司や総務課、秘書課などと連絡を取り合って進めます。「手慣れているから」「任されたから」と、**独断で進めないほうがいい**でしょう。

文章も作成後、関係部署のチェックを受けます。クリエイティブな文面が四角四面に修正されてしまうこともあり得ますが、それは仕方のないこと。

本書で身につけた文章術や語彙力は、カジュアルおよびセミフォーマルな場合に存分に発揮して下さい。

文章力を上げる語彙

恐れ入りますが

お願い事をする前などに挿入して印象を和らげる「クッション言葉」の代表例です。**「恐れ入りますが、なにとぞよろしくお願い申し上げます」**のように使います。

「畏《おそ》れ入る」とも書きます。「畏」には「あなたにはかないません」という深い敬意が込められています。

村上春樹さんの『ノルウェイの森』に「彼の頭上にはそういう力が備わっているこ

とを示すオーラが天使の輪のようにぽっかりと浮かんでいて、誰もが一目見ただけで『この男は特別な存在なんだ』とおそれいってしまうわけである」と使われている通りです。

この敬意があるために、依頼文のクッション言葉として最適なのです。一言「恐れ入りますが」と添えるだけで、丁寧で心のこもった印象になります。

「**まことに恐縮ですが**」「**恐悦**《きょうえつ》**至極**《しごく》**に存じますが**」も同じように使われます。

お手数ですが

「あなたにことさらな手間をかけさせて申し訳ありません」というニュアンスがあり、具体的に何かをしてもらう時によく使われます。

「お手数ですが」や「**お手数ながら**」は、クッション言葉としても使えます。「**お手数ながらよろしくお願いいたします**」と書くことで、印象をグッと柔らかくできるでしょう。

なお、目上の人などには、「**お手数をおかけいたしますが**」と書くほうが好感を得やすくなると思います。

お忙しいところ

「**お忙しい中**」ともいい、やはりクッション言葉として使えます。相手が本当に忙しいかどうかにかかわらず、こう書くことによって貴重な時間を割いてもらうことへの敬意を込めるわけです。

ほかの言葉と組み合わせ、「**お忙しいところ、恐れ入りますが**」「**お忙しい中、お手数ですが**」などとするのもいいでしょう。

単独でも使いますが、「お忙しい」は口語的な表現なので、「**ご多用のところ**」「**ご多忙の折**」「**ご繁忙とは存じますが**」と漢語を使うほうがいいと思います。

お差し支えなければ

「都合がつくならお願いしたいのですが、悪ければ断られても構いません」という姿勢を示すことで、丁寧さや配慮を示すクッション言葉です。

「**お差し支えなければ、資料をお送り下さい**」のように使います。

「ご面倒でなければ」「可能であれば」「お手すきのさいに」も同じように使える言葉です。

ただ、いずれも「断られても構いません」というニュアンスがあるため、本当にあと回しにされる恐れがあります。特に、時間的な条件を表す「お手すきのさいに」は緊急度が低くみなされがちで、急ぐ時は使わないほうがいいでしょう。

折り入って

「折り入ってお願いしたいことがございます」のように、深く心を込める言葉です。和服は決まり通りにたたむときれいな折り目がつき、次に着た時、端然とした印象になります。そこから、態度や姿勢がきちんとしていて物事の筋を通すさまを「折り目正しい」と言うようになりました。

「折り入って」にも同様のニュアンスがあり、「折り入って……」と願い出られると、頼まれたほうも背筋を伸ばして聞こうという心理になるわけです。

それだけに、大切な頼み事の時に限って使うのがよく、大した用事でもないのに頻発するのは控えましょう。

伏して

平身低頭するさまを表す言葉です。相手にそれなりの負担や手間をかける依頼事などで、よく「**伏してお願いいたします**」と使われます。「**伏してお詫び申し上げます**」などと、詫びる時にも使います。

「**謹んで**」「**なにとぞ**」「せつに」も同じような意味で使われます。「**くれぐれも**」も同様ですが、こちらは、少し上から目線だと感じる人もいるようです。

すでに室町時代の『文明本節用集《ぶんめいぼんせつようしゅう》』に「伏冀《ふくき》」という言葉が見られ、「フシテコイネガワクバ」とも読んでいたようです。

厚かましい

ちょっと気が引けることを頼む場合などに、「**厚かましいお願いとは存じますが、なにとぞご高配下さい**」のように使います。

「**ご迷惑とは存じますが**」も同様に使えます。

忍びないのですが

非常に困難なことを頼む場合は、「**お願いするのは忍びないのですが**」と前置きするのがいいでしょう。

「**お願いしにくいのですが**」でも構いませんが、軽めの印象かもしれません。「忍びない」や「**お願いするのは恐縮至極なのですが**」のほうが、身をよじるほど申し訳なく思う感じが伝わります。

お力添え

「**なにとぞお力添え下さい**」などと使い、文字通り力を貸してもらいたい意味を表します。

尊敬語なので目上の人に使います。また「私がお力添えします」とは言いません。その場合は「微力ながら尽力《じんりょく》いたします」と、「尽力」という言葉を使います。

ただし、依頼の時に「ご尽力のほど、よろしくお願いいたします」と書くと、不快に思う人がいるかもしれません。「ご尽力」は相手に努力してもらう意味になり、努力を強いる感じにもなるからです。

「ご尽力」は依頼よりも、お礼の時に「**ひとかたならぬご尽力を賜り、誠にありがとうございました**」のように使うのがいいでしょう。

似たような表現に、「**お知恵をお借りしたく存じます**」や「**お骨折りいただけますでしょうか**」などがあります。

お助け下さい

相手に援助や援護をお願いする場合に「**なにとぞお助け下さい**」などと使います。「**ご支援のほどをお願い申し上げます**」とか「**どうぞご協力下さい**」「**ぜひサポートをお願いします**」などと言い換えてもオーケーです。

ちょっとカジュアルな印象ですが、目上の人に使っても失礼には当たりません。

なお、紹介や推薦などを頼む場合には「**よろしくお口添え下さい**」と書きます。

また、人間関係の調整をお願いする時は「**よろしくおとりなし下さい**」と書くのが一般的です。

ご一報

レポートや添付書類などを送る場合には、「お読み下さい」ではなく、「お目通し下さい」「ご一読下さい」と書き添えます（59ページ参照）。

ただし、この一言だけでは軽く受け取られがち。しっかりチェックしてほしい時は、続けて**「修正は4月1日（木）までにご一報いただければ幸いです」「修正は4月1日（木）までにご連絡賜れば幸甚です」**などと書きます。

締切日がないと後回しにされ、そのうち忘れられかねません。

ご高覧

「お目通し下さい」「ご一読下さい」は対象が文章や図表に限られるのに対し、「ご高覧」は文章、図表にも、商品やイベントなどにも使える便利な言葉です。

「ぜひご来場いただきご高覧を賜りますよう、一同心からお待ち申し上げております」のように使います。

相手に見てもらうことに対する尊敬表現には、「**ご上覧**」「**ご清覧**」「**ご尊覧**」などもあります。

「ご高覧」は11世紀中頃の『明衡往来《めいごうおうらい》』や、1220年頃の『保元物語《ほうげん》』などに登場していることから、宮中などで古くから使われていたようです。

ご用命

依頼に対する快諾を引き出しやすくするためには、「要望や注文があれば受け入れます」という姿勢を示すことが大事です。できれば「**なんなりとご用命下さい**」といった一文を添えましょう。

目上の人や顧客には「ご用命」や「**仰せつけ下さい**」を使い、それ以外は「**お申しつけ下さい**」を使うようにしてもいいでしょう。

「**ご請求下さい**」「**お問い合わせ下さい**」「**ご要望下さい**」などと行為を具体的に絞り込む表現もオーケーです。

ご臨席

式典やイベントなどへの出席を依頼する時に使う言葉です。

「ご来訪下さい」「ご来場下さい」「ご来店をお待ち申し上げます」でもいいのですが、敬意や丁寧さをアップさせ、気持ちを込めたいなら「**ご臨席の栄を賜りたく、お願い申し上げます**」のように使うといいでしょう。

同様の言葉に、「**ご光臨**」や、身分の高い人が駕籠《かご》でやって来ることを示す「**ご来《らい》駕《が》**」などがあります。

「光臨」は『明衡往来』に用例があり、「来駕」も1162年頃の『本朝無題詩《ほんちょうむだいし》』に用例があって、平安時代にはすでに使われていた古い言葉です。

ご足労

「ご臨席」「ご光臨」といった重々しい場面ではなく、普通に「お越し下さい」と伝えたい時の丁寧な表現が「**ご足労いただけますか**」です。

「**足をお運び下されば幸いです**」でもいいでしょう。

万障お繰り合わせ

式典やイベントなどへの参加を「ぜひとも！」と促す時の丁寧な言い回しです。「**万障お繰り合わせの上ご出席願い上げます**」のように使います。

「万障」はさまざまな不都合、「繰り合わせる」は、うまく調整する、という意味。招待状の結語として、一般的な場合からフォーマルな場合まで幅広く使えます。

ただ、不都合を調整してまで出席してほしいと願うのは失礼に当たるという考え方もあり、「**当日、会場にてお目にかかれることを楽しみにしております**」のような軽めの表現も増えているようです。

「万障お繰り合わせの上ご出席願い上げます。当日、お目にかかれることを楽しみにしております」などと組み合わせると、押しつけがましさが少し緩和されるかもしれません。

関係者や知り合いにも声をかけてもらい、多数で参加してほしい場合には、「**皆様お誘い合わせの上、おいで下さい**」などと書き添えます。

心待ち

相手の返事を待つ表現は、「4月1日までにご連絡下さい」などと素っ気なく書くよりも「**お待ちしております**」「**お待ち申し上げております**」とすると思いを伝えることができます。

もっといいのが、「**心待ちにしております**」「**心よりお待ち申し上げます**」という言い方です。「心」の一文字を加えるだけで、真剣に待つ気持ちや親近感が、グッと増します。

鶴《つる》の長い首のように首を長くして待つ「**鶴首《かくしゅ》してお待ち申し上げます**」や、待つ時間の長さを訴える「**一日千秋《いちじつせんしゅう》の思いでお待ちします**」という表現もあります。やや固い表現ですので、年配の方に使うほうがいいかもしれません。

幸甚《こうじん》です

「していただければうれしいです」という気持ちを強調する言葉です。「**お引き受けいただければ幸甚です**」のように使います。

「甚」は、はなはだしい、度を超えているという意味で、「幸甚」は「これ以上なく幸せ」という意味になります。

『続日本紀』に登場するほか『万葉集』にも見え、かなり古くから使われていたことがわかります。

「**ご快諾賜れば幸いです**」「**ご来場いただければ望外の喜びです**」なども同様の言い方です。

第3章

感謝と賞賛文の言葉づかいアップ

ほめ言葉を使わずにほめる

漱石に学ぶ「ほめ言葉を使わないほめ方」

賞賛や感謝の言葉をなるべく使わない。

意外なようですが、これが賞賛や感謝、お祝いや冠婚葬祭などの時に格式の高い文章を書くコツの1つです。

賞賛や感謝の言葉は諸刃《もろは》の剣《つるぎ》。相手の心に響けば関係が一気に近くなる一方で、伝え方のツボを一歩間違うと、「媚《こ》びるな」「謝意ひとつまともに伝えられないのか」と、スキマ風が吹き始めます。

諸刃の剣で関係を一気に切り拓くか、使い方を誤って傷だらけになるか。

傷を避けたいなら、型通りに書くことです。

「ご就任おめでとうございます。これもＡさんの卓越したご努力と素晴らしい才能の結果と敬服し、心よりお祝い申し上げます。人望の高いＡさんの高潔さを見習うべく、私もこれを機にますます鋭意精励する所存でございます」

これで間違いはありません。Ａさんの性格や経歴に関係なく通用するという長所もあります。ただし、大した印象は残せないでしょう。

たとえばこんなふうに書いたらどうでしょうか？　相手によっては強い印象を受けるかもしれません。

> Ａさんのこんな言葉が今も私の座右銘です。「やれる仕事をやるんじゃない。やるべき仕事をやるんだ」。この言葉通りに精励し、いつかＡさんのようなリーダーになりたいと願っております。このたびのご就任本当におめでとうございます。

賞賛や感謝の気持ちを表そうとすると、「卓越した」「素晴らしい」「敬服」といったほめ言葉を連ねたくなります。

でも、どうでしょう？　**ほめ言葉を連ねれば連ねるほど、言葉に心がこもらなくなる**経験が、多くの人にあるのではないでしょうか。

ほめ言葉は最低必要限に抑える。そして、相手を高く評価し、ありがたく思っていることを伝えられる別の表現を探す。

そのほうが、相手に深く届く「文章」が書けます。

「まだ修善寺《しゅぜんじ》に御逗留《ごとうりゅう》ですか、私はあなたが居《い》なくなって淋《さび》しい気がします。面白い画《え》をたくさんかいて来て見せて下さい。（中略）世の中にすきな人は段々なくなります」

これは、夏目漱石が親しい画家・津田青楓《つだせいふう》に向けた手紙の一節です。

ほめ言葉は一言も使われていません。でも、青楓を賞賛し、慕ってやまない漱石の思いがひたひたと伝わってきます。

感謝は「報告文」のように具体的に

過去、現在、未来を見通して、**何がどのように変わり、自分はどんな恩恵を受けたかを報告文のように書く**。それだけで、賞賛や感謝の言葉を増やさずに気持ちを伝えられます。

たとえば、こんな型通りの文章でも悪くはないのです。

「貴重な資料をご提供いただき、本当にありがとうございました。一同心から感激しております。幾重にも感謝申し上げます」

しかし、次のようにすると、相手はさらにうれしさがこみ上げてくるのではないでしょうか。

貴重な資料をご提供いただいたお陰で、**地域によってターゲットを変えるという思いがけない発想を得られました。早くも現場から売上アップのうれしい数字が報告され始めております。**本当にありがとうございました。

現場の担当者同士のように個人的な関係が濃密である場合は、ビジネスの枠の範囲内で、さらに踏み込んでもいいと思います。

私は何人もの編集者と仕事をしてきましたが、ある方からいただいたこんなお礼メールが、いまだに心に残っています。

出来《しゅったい》した見本で先生の文章を再読し、私、改めて感動しております！　ちょうど今は別の企画で苦しんでおり、砂漠でオアシスに戻ったような気魄《きはく》充実を感じました。思えば契機は先生のご著書『○○○』に感激し、大学の志望を経済学部から文学部に変えた十数年前に遡ります。以来、ご高著はすべて拝読しておりますが、まだまだ学びが尽きません。本書も読者に自己変革を促す本になるでしょう。担当者としてだけでなく、先生の熱心な読者を代表して感謝を申し上げます。

これをそのまま一般的なビジネス文章に応用するのは難しいでしょうが、参考にはなると思います。

もっと簡潔な賞賛の文章もあります。

「実は嬉《うれ》しいから、二遍《へん》繰り返して読みました」

作品の感想をくれた友人に夏目漱石が送った礼状です。たった20字ほどの短文で、漱石がどれほど友人の感想を喜び、感謝したかが表現されています。

これらの例からもわかるように、賞賛や感謝の文章に必要なのは、**自分の思いを事実とともに伝える**ことなのです。

美辞麗句を書き連ねるのは簡単です。一方で、自分の思いを表現するのは勇気がいります。「いらないことを書くな」「この程度の表現なら、型通りのほうがマシ」などという反応を暗に示されることもあるでしょう。でも気にせず、定型を守りつつ素《す》の自分をぶつけていく。その繰り返しの中で表現力は磨かれます。

ほめ上手は「細部発見方式」がうまい

ほめ方には、いくつものツボがあります。

「相手が一番手間暇かけたことをほめる」「外見よりも成果や能力をほめる」「結果よりも過程をほめる」などなどです。

それらに加え、「相手自身が**自分で気づかないような細部を発見してほめる**」のも大切なツボでしょう。

私は大学で学生たちに、「ほめ方の1000本ノック」をさせることがあります。

たとえば、各人が即興で描いた絵を、クラス全員に次々とほめてもらうのです。

素人が短時間に適当に描いた絵ですから、ほめやすいものではありません。

しかも、「ほかの学生が使ったほめ言葉は使わない」というルールがあります。つまり、1クラス40人なら、40通りのほめ方を出してもらうのです。

さらに、「目にした瞬間にほめる」というルールも課します。

1人10秒でほめるとしても、40人で5分間ちょっと。最後のほうの学生は、5分間で、ほかの学生が使ったほめ言葉とは違うほめ言葉をひねり出さなければならなくなります。

こういうトレーニングを繰り返すと、どうなるか。次第に物の細部に目をやるようになります。それにつれて、驚くようなほめ方ができるようになります。

人間も同じです。他人が気づかないような細部や、本人も普段は意識しない微妙なところを発見することが賞賛になります。「神は細部に宿る」という通りです。

この「細部発見方式」は、ビジネスシーンでも有効です。

たとえば、部下が箸《はし》にも棒にもかからないダメな提案書を持ってきた。あなたが上司なら、どう対応するでしょう。

「話にならない」と突き返せば、それで終わりです。部下の成長と提案の改善は、そこでストップします。

でも、**どんな提案にも1点ぐらいはいいところがある**ものです。

そういう細部を強調して、「このフレーズは光っている。この発想を拡大するところから全体を見直してみないか。再提出期限は……4日後だ」などと背中を押してみたらどうでしょう。

再提出された提案が、またまたダメなこともあります。それも細部発見方式で励ます。こうすると、途中で投げ出す部下はほとんどいません。改善また改善で初案を見違えるほどの姿に完成させたり、まったく新たな発想にたどりついたりします。

これは、私自身が学生たちと長年やりとりしてきた経験則でもあります。

細部発見方式を粘り強く続けることで、「ほめて伸ばす」こともできるのです。

いけないのは、苦しまぎれのウソをつくことです。

一見して風采《ふうさい》の上がらない男性に、とりあえず「なかなかハンサムですね」と言っても、不興を買うだけでしょう。

「目の光が鋭くて、知性を感じます」などと言えば、「本当ですか？　言われたのは生まれて初めてです」と弾んだ言葉が返ってくるのではないでしょうか。

参考になるのが、ネットサイトのフォロワーの言葉や、「感想」「評価」、あるいはＳＮＳのコメントです。「うまくほめているなあ」と感心するフレーズが結構あり、語彙力だけでなく、ほめる力も磨くことができます。

ほめられたら誇りつつ謙遜する

型通りから一歩前に出たビジネス文章を書こうとすると、当然、迷います。 型通り書いてもオーケーなのに、気持ちを伝えようと文章をイノベーションするのですから、迷って当然です。

しかし、考えればビジネスそのものがイノベーションの積み重ねなのです。迷いながらも、ビジネスパーソンの誇りにかけて、一歩前に出続けましょう。

どう表現しようか迷った場合は、相手に配慮しながらも率直な態度を表現するのがいいと思います。

たとえば、仕事をほめられたときの返信。これは難しいものです。

「ありがとうございます」だけでは素っ気ないでしょう。

「とんでもないことでございます。まだまだ未熟。さらに精進しなければと自戒しています」などと書けば、相手が高く評価したことに水をかけてしまう。

「おっしゃる通り会心の仕事でした」と胸を張ると、「自分の力だけでできたと思ってるのか？」と白ける相手もいるでしょう。本当に迷ってしまいます。

こんな時は、左のように、**ほめられた事実は否定せずに相手を立て、なおかつ努力の必要を自覚していると伝える**のが、自分に素直になることだと思います。

> みなさまのお力によって、望外の結果をあげることができました。私自身の微力をおほめいただくなど、もったいない限りです。でも、産みの苦しみを評価いただ

だいたことは正直にうれしく存じます。今後もさらに励もうと前向きになっているところです。

「経営の神様」といわれるパナソニック創業者・松下幸之助《まつしたこうのすけ》さんは、著書『折々の記――人生で出会った人たち』で、こう言っています。

「蒲柳《ほりゅう》の質（病弱なこと）だった自分が90歳を迎えようとしている。仕事もそれなりの成果をあげつつ取り組んでくることができた。これもすべて多くの人に支えていただいたおかげ」だと。

そして、自分の人生を形づくっているものは人々との縁である、どんな人との縁にも感謝と喜びをもって心を通わせ、出会った人とはよりよい人間関係を築く、それが人生をいっそう豊かにしてくれた、と言っています。

こういう感謝の気持ちがビジネスを前進させていくのでしょう。

大切な感謝の気持ちを型通りの美辞麗句だけで表すのは、とてももったいないことなのです。

痛み入る

「ありがとうございます」にニュアンスを込める言葉の1つです。寄せられた好意、厚遇などを心が痛むほど感謝しているという意味で、「**おほめの言葉をいただき、痛み入ります**」のように使います。

「恐縮する」と似ていますが、「恐縮する」が主にお詫びに使われるのに対し、「痛み入る」はもっぱら感謝に使われます。

室町時代の『醍醐寺文書《だいごじ》』にも「傷入候《いたみいりそうろう》」と用例が見える古い言葉です。

恐悦《きょうえつ》

これも「ありがとうございます」にニュアンスを込める言葉です。相手の好意をもったいなく感じ、恐れつつしみながらも喜ぶさま。

この上ないさまを表す「至極《しごく》」とペアで「**ご配慮を賜り、恐悦至極に存じます**」のように使います。

11世紀中頃の『明衡往来』にも用例が見える古い言葉です。

かたじけない

「ありがとうございます」のバリエーション語彙です。「忝い」「辱い」と書き、自分のような者が尊い方から分不相応《ぶん》な好意をいただいて身が縮む思いです、というニュアンスがあります。

「**結構なお品を頂戴し、まことにかたじけなく存じます**」のように使います。

『日本書紀』にも用例が見える伝統的な言葉です。

深謝

「ありがとうございます」のバリエーション語彙で、深く感謝する意味。「**多年のご厚誼**《こうぎ》**に深謝いたします**」のように使います。

「**多謝**」も同じ意味ですが、「深謝」「多謝」とも、お詫びにも使われる点に注意しましょう。たとえば「**妄言深謝**《もうげんしんしゃ》」は「勝手なことを言い、申し訳ありませんでした」という意味です。

さらに丁寧に感謝を表したい場合は「**拝謝**」も使われます。

お礼の言葉もありません

「ありがとうございます」のバリエーション語彙の1つです。感謝の思いが深すぎて表現する言葉が見つからないという意味で「**行き届いたおもてなしにお礼の言葉もありません**」などと使います。

「**感謝の言葉もありません**」「**どのような言葉で感謝を申し上げればよいかわかりません**」も同様に深い感謝を伝える言葉です。

頂戴する

「いただく」のバリエーション語彙で、「**ありがたく頂戴いたします**」のように使います。

夏目漱石の『吾輩は猫である』で、「蒲鉾《かまぼこ》の一切《ひときれ》くらい頂戴したって人からかれこれ云《い》われる事もなかろう」と猫まで使っているほどポピュラーな言葉です。

もともとは経文《きょうもん》などの頂き物を目より高く捧げる姿勢を取ること。用例は古く、平安前期の『性霊集《しょうりょうしゅう》』に見えています。そこからもらうことの謙譲語になったと考えられます。

「**拝領する**」「賜る」も同じ意味です。

なお、「お気持ちだけ頂戴します」と言えば、婉曲《えんきょく》的に断る意味になります。

恵贈《けいぞう》

人から金品や本などをもらうことを敬っていう言葉。「いただく」のバリエーション語彙として「**ご著書をご恵贈賜り、ありがとうございます**」のように使えます。

同様の言葉に、「**恵投**」「**恵与**」があります。

「恵存」は「手もとに保存していただければ幸いです」という意味になり、自分の著書を人にあげる時に、よくこうサインします。

人に差し上げる時のバリエーション語彙には、「**進呈**」「**贈呈**」「**謹呈**」などがあります。「進呈」は目下から目上の場合に、「贈呈」は目上から目下の場合に使うことが多いようですが、厳密な区別はありません。「謹呈」は敬意を含んだ丁寧な表現です。

お心づくし

何かをもらった時や好意を受けた時に深く感謝していることを表す言葉で、「**お心づくしのおもてなしをありがとうございます**」のように使います。

「大変素晴らしいおもてなしを」「心のこもったおもてなしを」などでも気持ちは伝

わりますが、「お心づくし」は他人のために精一杯の努力をする「つくす」に、「心」をプラスした美しい表現ですので、添えれば文章に品格が備わります。

ちなみに、自分が何かをあげたり好意をしたりする場合は「**心ばかりの**」をつかうといいでしょう。

身にあまる

自分の身の丈《たけ》を超えるさまをいい、感謝の言葉につけると、自分には不相応なほど大きな、という表現になります。「**身にあまる光栄です**」といった具合です。

近代の用例としては、芥川龍之介《あくたがわりゅうのすけ》の『邪宗門《じゃしゅうもん》』に「無位無官の侍《さむらい》でも、身に余るような御褒美《ごほうび》を受けた事がございます」などがあげられます。

同様の言葉に、「**身に過ぎる**」「**過分な**」「**分不相応の**」などがあります。

もったいない

「勿体ない」と書き、身に過ぎて恐れ多いという意味です。「**私にはもったいないお**

言葉でございます」のように、「身にあまる」と同様に使います。

日常の話し言葉で使う時の「もったいない」には、まだ使えるものが捨てられていたり、機能を十分発揮しきれていなかったりして「惜しい」という意味であることが多く、区別しましょう。

珠玉《しゅぎょく》の

「素晴らしい」のバリエーションとして使える言葉です。「珠玉」は海の真珠と山の玉《ぎょく》。転じて立派なものを賞賛する意味になりました。珠も玉も小さいことから、大きなものを賞賛する場合にはあまり使われません。「**珠玉の短編アニメ**」とは言っても、「珠玉の大長編アニメ」とは言わないのが普通です。

比類ない

やはり「素晴らしい」のバリエーションとして使える言葉で、ほかに比べる相手がいない、つまりひときわすぐれているという賞賛を表し、「**比類ない業績、感服いた**

します」のように使います。

鎌倉時代の『愚管抄《ぐかんしょう》』に「漢才古今に比類なし」とあり、室生犀星《むろうさいせい》の『姫たちばな』にも「比類ない美しさを一心にこめていた」とあるように、古今を通じてよく使われる言葉です。

「**類を見ない**」「**無類の**」「**比肩《ひけん》できない**」「**かつてない**」「**右に出る者がない**」「**別格の**」「**格別の**」なども同様の意味の言葉です。

まれに見る

「素晴らしい」のバリエーションとして使える言葉で、「**まれに見る才能を発揮されました**」のように使います。

「**稀代《きたい》の才能**」「**稀有《けう》な才能**」とも言い換えられます。

至上の

「この上ない」と同じ意味のバリエーション語彙で、「**部長のご栄転は私ども一同に**

とっても至上の喜びです」のように使います。

「**無上の喜び**」「**究極の喜び**」とも言い換えられます。

出色《しゅっしょく》の

その色だけが突出して見えるというところから、ほかよりも際立っているさま、人並みすぐれているさまを表します。「**彼は若手社員の中では出色の働きぶりです**」というように使います。

「**傑出した**」「**秀逸な**」「**卓抜している**」「**目覚ましい**」「**屈指の**」なども同様のニュアンスです。

真骨頂《しんこっちょう》

本来ありのままの姿、持っている真の力という意味で、転じて相手の真価が発揮されたことを賞賛する時などに、「**まさに長年の研鑽《けんさん》の真骨頂というべきでしょう**」と使われます。

「真骨頂」がほめ言葉として使われ始めたのは近年であるようで、１９４２年、坂口安吾《あんご》の『日本文化私観』に「これが、散文の精神であり、小説の真骨頂である」という用例が見られます。

頭が下がる

相手への尊敬の思いから自然に頭が下がるという意味で、「**これまでのご努力には頭が下がります**」のように使います。

「**敬服させられる**」「**脱帽する**」「**感服する**」なども同じような意味です。

ただし、「頭が上がらない」は、本来は対等な相手なのに、こちらにやましいところがあって引け目を感じるという意味であり、尊敬の言葉とはいえません。

薫陶《くんとう》を受ける

「薫陶」とは、香《こう》をたいて薫りを染み込ませ、土の形を整えて陶器をつくる意味から転じて、徳のある人が、徳の力で人を感化し、導くことです。

「**私が今日《こんにち》あるのも部長の薫陶を受けたお陰です**」のように使います。「**大いに学ばせていただいた**」「**貴重な教えをいただいた**」などとも言い換えることができます。

あやかる

「肖る」と書き、感化されて似る、影響を受けて同じような状態になるという意味です。「悪い人のようになる」と使うことはまずなく、幸運な人に運をおすそわけしてもらって自分も幸運になるというような、よい方向で使われます。

「**私も貴兄にあやかりたいと思います**」と言えば、「あなたのように素晴らしい人になりたい」という意味になり、相手を賞賛することになります。

慧眼《けいがん》

「炯眼」とも書き、物事の本質を見抜く洞察力や判断力を意味します。「**部長の慧眼には感服いたしました**」のように相手をほめる場合によく使います。

「慧眼」の場合、「慧」は仏教用語の智慧《ちえ》から来ており、真実を見通す智慧を目にたとえた言葉です。したがって、洞察力や判断力の源は、真実を見抜く深い智慧や知識に置かれます。

一方の「炯眼」の場合の「炯」は、「炯々《けいけい》たる目」という言い回しがあるように、目が強く光り輝くさまをいいます。したがって、洞察力や判断力の源は、真贋を見抜く鋭い観察眼に置かれます。

そういう微妙なニュアンスの差も知っておきましょう。

同じような意味の言葉に、**「お目が高い」「目に狂いがない」「眼力がある」**などがあります。

眼福《がんぷく》

美しいものや貴重なものなどを見ることのできた幸福をいいます。

取引先などで芸術品を見せてもらったりした礼状に**「またとない眼福を得ることができ、今も感動が消えません」**などと使います

近代では井伏鱒二の『二つの話』に「私は初めてこの名品に眼福することを得た」

という用例が見えます。

なお、素晴らしい音楽を聴かせてもらった場合には「眼福」に当たる便利な言葉はないようです。「先日は傑作を拝聴させていただき、ありがとうございました」などと書くのが一般的でしょう。

第4章

「詫びる・断る」文の言葉づかいアップ

次につながるように
ノーを言う

とにかく早く無条件に謝る

こんな経験があなたにもあるのではないでしょうか。

Aでトラブルに遭遇したが、担当者がすぐ誠実に処理してくれた上、後日、上司との連名で届いた詫び状には、ちょっとお得なカードまで添えられていた。

Bでもトラブルに遭遇したが、担当者は知らんぷり。上司に苦情を言うと面倒な書類を書かされた上、処理に数週間を要し、ついに誰からも謝罪がなかった。

その後、Aの担当者とは親しくなり、頻繁にAを利用している。一方、Bは二度と利用しないし、ラインの知り合いたちにBの悪口を言い回っている……。

トラブルやミスが発生した時に最も大切なのは、何をおいても早く対応することです。時間がたつほどに相手の気持ちは硬化し、問題はこじれます。

さて、その対応についても、こんな経験則が多くの人にあると思います。

怒りや不満の矛先《ほこさき》を収めてもらうには、一にも二にも出向いて対面して詫びることである。やむを得ない次善の策は電話。最悪なのはメール対応……。

しかし、世の中はままならず、まずはメールでの対応になることも多いもの。終始メールだけで対応するケースも増えていますし、事後に詫び状を書く必要もあるでしょう。


そんなわけで、お詫びの文章術は必須です。

最初の段階での心構えは、**無条件にまず謝ること**です。でないと話が始まりません。頭を下げることが和解交渉のスタートになる。それが日本の文化です。

「前もってご説明したはずなのですが……」などと相手にも問題があったと指摘したり、「新規開店直後で不慣れだったために……」などと弁解したりするのは、たとえそれらが事実であったとしても、タブーです。

謝る時は、「本来ならば、さっそく参上してお詫びすべきところ……」などと書き添えましょう。「申し訳ありません」よりも「慚愧《ざんき》に堪えません」「忸怩《じくじ》たる思いです」といった漢語を選ぶほうがいい場合もあります。

すぐに書く必要がある一方で、軽々しく書けないのが詫び状です。そのため、書いたら上司に文面をチェックしてもらいます。こじれれば上司も動かざるを得なくなりますし、会社の体面にもかかわります。

たとえメール1本でも、**トラブル処理は自分一人で抱え込まず、できるだけ連係プレーで行う**ようにしましょう。

事実確認はポイントを絞って確実に

まず謝れば、たいていの人は上げた拳《こぶし》をいったん下ろし、「それなら続きを読みましょう」という姿勢になります。

その段階での心構えは、**きちんと事実確認をする**ことです。まず、どんなトラブルが起きたか。「〇〇〇の件で△△△というミスが発生してしまいました」といった具合に要点を押さえます。

「私の不注意から多大なご迷惑をおかけし、誠に申し訳ありません」などと書いてあるだけの詫び状を見かけますが、受け取ったほうは、「多大なご迷惑って、何？ どう受け止めてるの？」と釈然としないでしょう。

事実確認の次は、前後の経緯の確認。どんな不手際があったのかといったことです。そして原因確認。可能なら再発防止策にも触れておきます。

これらを、感情や判断を交えず、できる限り客観的に述べます。

ただし、全部を細かに書き記すことはないでしょう。求められているのは問題解決です。**問題解決に必要な事実にポイントを絞ります**。

「当社側にも事情があり……」とか「昨今の経済状況もあり……」といったことも省略します。

誰の目にも明らかなトラブルやミスでも、当事者同士の認識のズレは結構あるもの。それを発見、修正することが問題解決の糸口になります。

事実確認をせずに詫びるだけでは、解決には向かいません。

詫び状では、結びの部分で再度、謝罪の言葉を書くことが多いものですが、そこでも、どんな点についてどう反省しているのかを明確に書くべきです。

トラブルやミスの処理で最も大事なのは、二度と同じことを繰り返さないようにすること。そこが明確になれば、相手は納得します。

納得すれば怒りはしばしば好意に変わるもの。ピンチをチャンスに変えていくことができます。

それができた時、トラブルやミスの処理が終了します。

断り状は「礼状」として書き始める

相手の申し出を断る時の第1のコツは、ノーのグレードを、次の3つのどれにするかを決めることです。

①はっきりと断る
②時と場合による
③逆提案する

①は、かなり無礼な依頼や危険な相手の場合。「お引き受けできません」とつっけんどんに書いていいかもしれません。「今回も、今後もお宅とつき合う気はありません」と暗示するのです。

しかし、ビジネスでそういうケースは、ごくまれです。

ビジネスはロングスパンであり、普通は関係を断ち切らないようにノーを言います。「あそこは対応が悪い」と悪評が立つのを避けるためにも、**今回は断るけれど、次回は必ずしもノーではないかもしれない、という含みを持たせましょう。**

まず、できるだけ丁寧な言葉づかいを心がけます。

次に、22ページで触れた通り、まずは感謝します。

そのあと、「せっかくのお招きですが、まことに残念ながら、今回はお伺いすることができません」と、ノーをはっきりと言います。

最後に「またの機会がございましたら、どうぞお声をおかけ下さい」などとつけ加えて含みを持たせるのです。

あまりに短い返信だと「取りつくシマもない」と受け取られかねません。

最近の業界事情や、相手に対する賞賛などを書き加え、ある程度の分量を確保したほうが誠意を示せます。感謝→ノー→別の話題→次への含み、という順です。

別の話題は、たとえばこんな感じにするのがいいでしょう。

最近は人手不足などから貴業界もご苦労が多いと仄聞《そくぶん》しております。その中にあって業績を伸ばす御社にはいつも感嘆しております。できればお目にかかり、今後の展望や新技術の導入などについて、お話を伺いたいところでございました。

②の「時と場合による」ケースには、２つの書き方があります。

１つは、「今回は、○○○のような事情でお引き受けすることができません」と事情を正直、かつ明確に書いた上で、ノーを伝えます。

２つ目は、条件を示す書き方です。

4月中にというお申し越しですが、あいにく4月は予定が埋まっており、スケジュール調整が困難です。ご期待に応えられず、申し訳ありません。ただ、6月以降であれば調整が可能です。いかがでしょうか。

条件が変わればぜひ引き受けさせてほしいと、積極的な意思を伝えるのです。結果としてノーになっても、誠意を伝えられます。

③の「逆提案する」ケースは、さらに積極的に次につなげるものです。

> 4月に共同イベントをというご提案を都合でお引き受けできない私どもが申し上げるのは勝手ながら、イベントそのものを夏休み時期に動かすという案はいかがでしょうか。この企画は大学生が参加者の大半を占めると考えます。そうであれば、夏休みのほうが、より実り多いイベントにできると存じます。どうぞご一考のほどをよろしくお願い申し上げます。

こちらがひと膝乗り出す格好になり、②の場合以上に誠意を伝えることができるでしょう。

多忙を断る理由にしない

申し出を断る時の第2のコツは、**多忙を断る理由にしない**ことです。

現代のビジネスパーソンで忙しくない人はいないといっていいでしょう。多忙は断る理由にならないと考えて下さい。

そもそもビジネスは、1日の中で仕事に使える時間をどれだけ確保するかの時間勝負なのです。何かにつけ「多忙」を口にする人は、時間をマネジメントできていないと見なされかねません。

「あいにく5月は海外出張を控えており多忙でして……」などと理由づけをしたところで、「それではご出張から戻られてから、ぜひ」と追い打ちをかけられれば、あとに引けなくなってしまいます。

「最近は体調が今ひとつでして」と書く人がいますが、これはマズいでしょう。「A社のBさん、病気なんだって」と噂を立てられたら大変なことになります。「もしかして重病?」などと話に尾ひれがつきかねません。

それに、「ご自愛専一になさって下さいませ。4月になりましたら、またお誘い申し上げます。その時に体調が本復されておりましたら、ぜひ」と返事をされたら、やはり引っ込みがつかなくなります。

断る理由をムリに全面開示する必要はありませんが、できるだけ事実に即して書くほうがいいと思います。

こんな感じになるでしょう。

> 実は当社では、お申し越しの件は業務外であり、関与しないことになっております。その方針に反してお会いすることは非常に困難です。どうぞ諸事情、ご賢察下さい。

どんな場合も感謝の言葉でシメる

こちらが依頼して断られた場合は、**「仕事は断られた時から始まる」**という心構えで対処します。

「今回はご縁がなく残念でした」とあっさり終わりにしてしまうと、せっかくつながりかけた関係が切れてしまいます。

ビジネスは長期的なもの。次につなげることが常に求められます。

ただし、それは必ずしも、諦めずに繰り返し依頼することではありません。

断るほうにもよんどころない事情があると推察し、いったんはサッと引き下がるほうが好印象を残せます。

ノーを言うには大きなエネルギーが必要です。期待に応えられない申し訳なさが心に残っている場合もあるでしょう。そういう相手の心情も思いやるべきです。

次につなげるために最も簡単で効果のある方法が、ビジネス文書の黄金律ともいえる「まず謝る」ことです。

断る側も「申し訳ありませんが」と低姿勢に出るでしょう。それに対して、**断られた側も、断った側に丁重に謝る**のです。たとえば、こんなふうに書きます。

> 今回はご縁がなく、本当に残念でした。こちらの設定に余裕がなく、ご都合に合わせることができず、かえって申し訳なく存じております。次回は、あらかじめご都合をお伺いした上で設定し、ご依頼させていただきたいと考えております。
>
> 貴重なお時間を割いていただいた上にお心を煩《わずら》わせてしまい、まことに申し訳ありませんでした。

あるいは感謝をします。

> 今回は残念な結果になってしまいましたが、ご多忙な中、実現の方向にご調整いただきましたこと、深くお礼申し上げます。

次の機会を端的に示すのもいい方法です。

> 今後もこの路線は続けていく方針でおります。今回に懲《こ》りずに、またの機会にはぜひご検討下さい。

断ったにもかかわらず、こうした文面が届くと、「次回は前向きに検討しようか」という気持ちになるものです。

断ったり、断られたりしながらつながりを強化していく。そんな文章術は、ビジネスの大きな戦力になります。

文章力を上げる語彙

ご寛恕《かんじょ》

「寛恕」は、相手の過ちを広い心で思いやり、許すという意味で、「**このたびの失態、なにとぞご寛恕下さい**」のように使います。

お詫びの言葉には微妙なグレードがあります。多くの人が、こんな順に謝意を強く感じるのではないでしょうか。

「失礼いたしました」→**「申し訳ありません」**→**「お許し下さい」「ご勘弁下さい」**→**「ご容赦下さい」「ご堪忍のほどを」**→**「お詫びの言葉もありません」**→**「ひたすら陳謝申し上げます」「ただただ深くお詫びいたします」**

「ご寛恕下さい」は、それらよりさらに格式の高い表現といえます。

小松左京《さきょう》さんが小説『題未定怪奇SF』の中で、「次回は必ず必ず、ちゃんとした題をつけますので、何とぞ今一度だけ御寛恕ねがいたいと思います」というように使っていました。

ご海容

「海容」は、海のように広く深い心で過ちを受け入れ、とがめないという意味。「ご寛恕下さい」と同じ格式で、**「ご不便をおかけしましたこと、ご海容賜りますよう伏してお願い申し上げます」**のように使います。

ほかに、**「ご宥恕《ゆうじょ》下さい」「ご寛宥《かんゆう》下さい」「ご宥免《ゆうめん》下さい」「ご海恕《かいじょ》下さい」**なども、同様の格式、意味で使います。

「ご海容下さい」は、作家の用例では谷崎潤一郎が『細雪《ささめゆき》』で、「斯様《かよう》な型破りの手紙を差上《さし》げる失礼を幾重にもご海容下されたい」と使っています。

お目こぼし

見て見ぬふりをして下さいという意味で、「**今回だけはどうぞお目こぼし下さい**」のように使います。

「寛恕」「海容」は重々し過ぎるし、「お許し」「ご勘弁」「ご容赦」はなんとなく使いたくない、という時にも、「お目こぼし」を使って申し訳ない気持ちを伝えることができます。「**お見逃し下さい**」も同様です。

斟酌《しんしゃく》

相手の事情や心情を汲み取る意味。「斟」は汁物を汲み取ること、「酌」は酒を汲み取ることで、「斟酌」はその加減を考えること。

現在では汲み取った上で手加減をする意味が加わり、「**事情をご賢察の上、どうぞご斟酌下さい**」のように使います。

島崎藤村が『破戒《はかい》』で「県庁でも余程《よほど》斟酌して呉《く》れてね、百円足らずの金を納めろと言ふのさ」と用いています。

「忖度《そんたく》」「汲み取る」「推察」「賢察」も同じような意味で使われます。

不徳のいたすところ

お詫びの言葉は、「お許し下さい」のように相手に訴える系統と、「**面目ありません**」のように自分を恥じることで許しを請う系統の２つがあるとも考えられます。

「不徳のいたすところ」は後者の１つ。立派な行いや品性をさす「徳」を「不」で否定することで、自分に徳が欠けていたためにトラブルやミスが起きた、責任は自分にあると反省を示します。

「**すべて私の不徳のいたすところです**」のように使いますが、政治家や官僚が乱発する言葉でもあり、場合によっては「**すべての責任は私にあります**」などと平明に言ったほうがいいかもしれません。

汗顔《かんがん》の至り

汗顔とは文字通り顔に汗をかくこと。自分を恥じ、恐縮していることを伝える言葉で、**「ご指摘を受けるまで自分のミスにまったく気づかず、汗顔の至りと申すほかはありません」**のように使います。

遠藤周作は『ぐうたら好奇学』で「生来、はなはだ悪筆で汗顔の至りだが、古人の書と字を見ることはもっとも好むところである」と用いています。

同様の表現に「**赤面の至り**」「**顔向けができない**」「**合わせる顔がない**」「**穴があったら入りたい思い**」「**身の置きどころがない**」などがあります。

慚愧《ざんき》

「慙愧」とも書き、失敗を恥じ、深く反省している意味です。「**慚愧に堪えません**」「**慚愧の念に堪えません**」のように使います。

夏目漱石は『私の個人主義』で「はなはだ遅まきの話で慚愧の至《いたり》でありますけれども、事実だから偽らないところを申し上げるのです」と用いています。

「慚」は自ら恥じること、「愧」はその気持ちを表す意味で、もとは仏の前で今までの罪を告白して心を改めるという仏教語です。

同様の言葉に、「**自責の念に堪えない**」「**悔恨の情**」「**痛恨の念**」などがあります。

忸怩《じくじ》たる

「忸怩」は、自分の行いを深く恥じ入る意味。「**力が及ばず、まことに忸怩たる思いです**」のように使います。

古くは「忸怩」だけで使われましたが、近代では森鷗外が『カズイスチカ』で「佐藤は黙って聴診してしまって、忸怩たるものがあった」と用いているように「忸怩たる」で使います。

「**悔やんでも悔やみきれない**」「**行き場のない思い**」「**やりきれない思い**」「**後悔の念**」「**臍《ほぞ》をかむ**」、「**うちのめされる思い**」など類語も多いので、場合によって使い分けるとよいでしょう。

恐懼《きょうく》する

「恐懼」は恐れ入って身を縮めるさま。「恐」も「懼」もおそれるという意味で、二つを重ねることで、どれほど恐れ入っているかを伝えます。「**大変な不始末、恐懼に堪えません**」のように伝えます。

『続日本紀』に用例が見られる古い言葉で、相当な格式を感じさせます。それだけに、使う機会は少ないかもしれませんが、知っておきたい語彙の1つです。

肝《きも》に銘じる

反省し、許しを求めたあとは「今後は気をつけます」という意思表示が必要です。その語彙の1つが「肝に銘じる」です。

肝は、「肝心」というように、一番大事なところ。「銘じる」は刻み込むこと。大事なところに深く刻み込み、教訓にするという意味で、「**以後、肝に銘じます**」のように使います。「肝に命じる」という誤用をよく見かけるので注意しましょう。

「**銘記する**」「**胸に刻む**」「**心に刻む**」も同様の意味に使えます。

襟《えり》を正す

着衣を整えるという意味から、それまでの自分を見直し、心を改めること。「**二度と繰り返さぬよう襟を正して歩み出したいと存じます**」のように使います。

語源は、長安《ちょうあん》の著名な易者《えきしゃ》の博識と英知に感動した役人たちが、冠の紐《ひも》を締め直し、衣服の襟を正して話を聞いた中国の故事といわれます。

「**心を入れ替える**」「**態度を改める**」「**ネジを巻き直す**」も同様の意味に使えます。

遺漏ない

遺漏とはモレのこと。そこから、手落ち、失策、失態などの意味になりました。「遺漏がない」「遺漏なき」のように使われることが多く、詫び状などの最後に「**万に一つも遺漏なきよう、心してまいりたいと存じます**」のように使います。

見合わせる

「伺えません」「参加できません」とぶっきらぼうに断るよりも、「見合わせます」と言うほうがソフトな印象になります。

断る時はことのほか神経を使う必要があり、「見合わせる」も、**「やむなく参加を見合わせさせていただきます」「まことに残念ながら今回は見合わせます」**のように、言葉を組み合わせて丁寧な表現にします。

「ご遠慮申し上げます」「ご辞退させていただきます」「拝辞させていただきます」「差し控えさせていただきます」なども、ソフトに断る時の表現です。

なお、「結構でございます」は文脈によってイエスとノーが変わるので、断りの言葉としては避けるほうがいいでしょう。

ハードルが高い

「断る」という言葉を用いず、単に困難な状況であると伝えることでも、婉曲な断りを伝えることができます。

「お申し越しの件、私にはいささかハードルが高いようです」のように使います。**「難しい状況です」「容易ではありません」「一筋縄ではいきません」「板挟みになっております」**なども同様に使えます。

いたしかねます

「いたしかねます」は、「できません」を丁寧にした言葉で、**「お引き受けしかねます」「即断しかねます」「ご希望に沿いかねます」**などと使います。

ただ、「できない」という不可能を表すことには変わりないので、相手によってはキツい感じを受けるかもしれません。

猶予《ゆうよ》

「猶予」は日時を延ばすことで、**「商品のお納めまで1週間のご猶予を賜れば幸いです」**のように使います。一方で**「本件、決定までに少しのご猶予を下さい」**のように、返事を延期することで話をうやむやにする場合にも使われることがあります。

イエス、ノーははっきり言うべきであり、ボカしてしまうのはお勧めではありませんが、現実的には「**お時間を下さいませ**」が婉曲なノーになっている場合がままあるものです。

苦渋の決断

どちらを選んでも片方に不義理になるが、選ばなければならない、というようなつらい決断をすることです。

「**御社のお申し出をお断りするなど、まさに苦渋の決断でございました**」などと使います。その後に「業界事情の急変で今回は余裕がなく、曲げてご理解賜りますようお願い申し上げます」などと続けると、誠意がより伝わるでしょう。

同じような言葉に「**厳しい判断**」「**断腸の思い**」「**身を切られるような思い**」などがあります。

ご賢察

断り状などでこちらの事情を書いたあと、「どうか理解してほしい」と添えると、思いが伝わりやすくなります。そうした時の定番の言葉が「ご賢察」です。「**諸事情なにとぞご賢察下さい**」というように使います。

「**お察し下さい**」「**ご高察下さい**」も同様です。

ただし、「拝察」は使えません。自分が考える場合の謙譲表現だからです。

粗相《そそう》

しくじりや不注意を表す言葉で、自分の落ち度を表す時に「**とんだ粗相をしてしまいました**」などと使います。

「**間違い**」「**過ち**」「**過誤**」「**手落ち**」「**手違い**」「**不手際**」「**失態**」なども同じ意味で使えます。

齟《そ》齬《ご》をきたす

「齟」は何度も歯を合わせること。「齬」は食い違うこと。そこから、「齟齬をきたす」は、行き違いやすれ違いがあって、どうにもうまくいかないという否定の言葉になりました。

したがって、「**齟齬をきたさないようによく検討いたします**」というように客観的に使います。「御社と弊社では今回、意見の齟齬がありますが」と言うと、相手を責めるニュアンスで受け取られかねません。

「**想定外の事態になりました**」とか、「**思わぬことになりました**」「**目算が外れました**」「**誤算が生じました**」「**予期せぬ方向に進みました**」「**予想が裏切られました**」などの言い方のほうが無難でしょう。

第5章

トラブル対処文の言葉づかいアップ

「雨降って地固まる」関係をつくる

断定的な表現を避ける

たとえば、届いた品物が注文品と違う。「注文品と違っているでしょ！」と声高《こわだか》に言ったら、相手はにわかに緊張。こちらの顔もついこわばる。処理後も、なんだか微妙な感情がわだかまった。「注文品と**違っているようですけど**」とソフトに言えばよかったかも……。

感情は、こんなふうに言い方ひとつで、かなりの程度変わります。悪い感情が積み重なれば人間関係が悪化し、人間関係が悪化すればビジネスも悪影響を免れません。ビジネスでは言いにくいことがたくさんあります。トラブルやミスも起きます。どんな場合でも、**伝えにくいことを受け入れられやすく伝える**工夫をしましょう。

言葉の選び方は、そのままビジネスパーソンの力量となり、成熟度や人間的魅力のバロメーターともなるのです。

まして文章は残ります。コピーされたり転送されたりするリスクもあることを意識することが大事です。

では、具体的には、どうするか。

まず、**断定的な文章を避ける**ことです。

たとえば、この２つ。

「と思うのです」

「とも思うのです」

たった１文字「も」を使っただけで、「あなたの主張もちゃんと認めています」というニュアンスを伝えることができます

あるいは、こんな２つ。

「書類が届いておりません」

「書類が届いていないようです」

「届いておりません」という断定には、「あなたのヘマでこちらが迷惑だ」といったかすかな叱責が匂いませんか。

一方、「届いていないようです」という書き方には「もしかすると私にミスがあるのかもしれませんが」と、まず自分を下の位置に置いてから、「再確認してみて下さい」と依頼する心理的な手順が、一瞬、感じられるのではないでしょうか。

ビジネスではイエスとノーをはっきりさせなければなりません。

でも、はっきり言うことと、無遠慮に言うことは違うのです。

主語を「私」以外の誰かに変えてみる

次に大切なのは、**主語を「私」に限定しない**ことです。

たとえば、この2つの表現はどうでしょう。

Ａ「私は古めかしいという印象を持ちました」

Ｂ「古めかしいという印象をもつ人もいるかもしれません」

Aだと、「それは君だけの受け止め方だろう」「センスが悪いね」などと感情的な反発を食う恐れがあります。

一方、Bなら相手も受け入れやすく、納得できない場合も「マーケティングをやり直してみるか」と前向きになりやすいでしょう。

突き返す時、「私は十分だと思いますが、上司はさらに高みを目ざしたい気持ちが強いようです。もう一案をいただけないでしょうか」と**上司を引き合いに出す。**

ノーを言う時、「編集部の評価はとても高いのですが、営業のリアクションが今一つでして」などと**社内事情のせいにする。**

それらは決して表現上のレトリックではありません。

ハンガリー生まれの作家アゴタ・クリストフの『悪童日記』に、「僕たちは事実しかノートに書かない」という意味の一節があります。わかりやすく言えば、こういうことです。

「お婆ちゃんは魔女だ」――これは主観であり、事実ではない。

「お婆ちゃんは魔女だと呼ばれている」――これは事実である。

「『〈小さな町〉は美しい』と書くことは禁じられている。なぜなら、〈小さな町〉は、ぼくらの眼に美しく映り、それでいて他の誰かの眼には醜く映るのかも知れないから」と、クリストフは続けています。

「私」を主語にしないほうが事実に近づけることがあるのです。

ネガティブ言葉に注意する

伝えにくいことを受け入れられやすく伝える3つ目のコツは、**ネガティブ表現をで**

きるだけ避けることです。

以前、ある場所に行くと受付に2人がいて、お客様にパンフレットを渡せないという表現がそれぞれ違うのが耳に残ったことがあります。

A「申し訳ありません。初めてご利用のお客様以外にはお渡ししておりません」

B「申し訳ありません。初めてご利用のお客様だけにお渡ししております」

言っている内容は同じ。でも、私はAの人に「お渡ししておりません」と断られて、つっけんどんだなあと軽い反発を覚えたものです。

話し言葉には、「**ノーで受けずに、イエスで受けろ**」という有名なセオリーもあります。

「高価だなあ」「いえいえ、そんなことはありませんよ」

これでは話が続かず、買う気もそそられません。

「高価だなあ」「そうなんですよ。ですが、それには理由がありまして」。これをイエス・バット法といいます。

「高価だなあ」「そうなんですよ。なので、オプションプランをご用意しました」。これをイエス・アンド法といいます。

「高価だなあ」「そうなんですよ。もし、もう少しリーズナブルならご検討いただけますか」。これをイエス・イフ法といいます。

あるいは心理学では、人間は伝えられた情報の最後の言葉のほうに影響される「親近効果」があります。文章でいえば、こんなところでしょうか。

「仕事はできるが、指導力は今ひとつだ」（ネガティブな印象）

「指導力は今ひとつだが、仕事はできる」（ポジティブな印象）

一方、人間には第一印象に引きずられる「初頭効果」という心理もあります。文章でいえば、タイトルとか出だしが勝負ということでしょう。

文章力とは、案外、こんな**ちょっとした心理的な影響の違いを積み重ねられるかどうか**にかかっていたりします。

事実と感情をはっきり分けて書く

相手がまたミス。記録を見ると3ヵ月に同様のミスが4回。さすがに「いつもミスばかりが続き、私どもも困っております。対策の検討をお願いいたします」と苦情のメールを送った。すぐに対策が記された返事があったが、お詫びの言葉がなく、木で鼻をくくったような文面。相手を怒らせた？　でもなぜ？　被害者はこちらなのに。

こんな例はままあるものです。

「いつも」「ばかり」といった**「オール・オア・ナッシング表現」は反感を買いやすい危険な言葉**だと意識しましょう。

相手にすれば、ミスは申し訳ないと思いつつ、「いつも」と決めつけられると小腹が立つでしょう。極端な場合は人間関係が切れる恐れもあります。そんな時に、今度はこちらがミスをしたら……。

3ヵ月にミスが4回続いたのなら、そう**事実を述べればいい**だけです。「困っております」という感情表現も必要ではありません。

> 3カ月にミスが4回続きました。対策の検討をお願いいたします。

こう書けば、感情がひどくこじれることはなかったでしょう。

正確な数字がなければ、このように言い換えます。

「いつも」→「しばしば」「時々」

「みんな」→「多くの人」「たくさんの人」

「まったく」→「大部分」「多くの場合」

感情表現は抑えます。

たとえば、「立腹を禁じ得ません」といった怒りの表現は削除です。「落胆しております」「悲しくなります」「アホらしい」といった言葉も控えましょう。

文章を書く時には、ある種の勢いも必要です。しかし、苦情や督促、抗議などのネガティブ情報を書く場合は、言い過ぎに注意しましょう。書き終えたら一呼吸し、冷静さを取り戻して再び目を通すようにします。

クレームには「共感性の原理」で応じる

常習的なクレーマーは別として、一般的な**クレームには感謝と共感で対応する**ことが大切です。

ものづくりの現場でよく知られるハインリッヒの法則によると、重傷以上の大災害1件の背後には軽症を伴う29件の中災害があり、その背後には傷害のない300件の小災害があるそうです。

300件の小災害を把握して改善することが、大災害の最大の防止策になります。これを一般的に言うと、製品やサービスが売れなくなる背後には29件の不具合や品質低下があり、その背後には300件のクレームがある、となるかもしれません。

クレームを真摯《しんし》に受け止めて改善すればクオリティが上がって不具合がなくなり、製品やサービスは売れ続けるのです。

ところが、ある調査によると、1000人の顧客の400人が不満を持ったとすると、実際にクレームを寄せるのは16人しかいないそうです。

それを思えば、クレームを寄せてくれたことに感謝の念が湧きます。「お忙しい中、わざわざお知らせいただき、ありがとうございました」といったお礼のフレーズを書き漏らすことはなくなるでしょう。

クレームは次のビジネス展開へのヒントなのです。

もちろん、クレームの中には相手の一方的な思い込みや勘違いもあります。

しかし、まずはとにかく謝ることが肝要です。

「事情がわからないうちに謝ると立場が悪くなる」と考えるのは短慮でしょう。なぜなら、謝ることは、「わかりました。あなたの立場に立つようにします」という態度を示すことだからです。

これを共感性の原理といいます。

共感性の原理が成立すれば、相手の感情は収まり、説明や改善によって納得してくれるばかりか、コアなファンになってくれる可能性もあります。

まずは「ごもっともです」「おっしゃる通りです」「ご事情はよくわかりました」と理解し、「ご迷惑をおかけいたしました」と謝ったり、「ご指摘、心から感謝申し上げます」と感謝したりします。

その次は、「すぐに点検し、原因を明らかにするとともに、二度とこのようなことがないよう、システムの見直しも行います」というように対応策を提示するのです。品物に対するクレームならば、すぐに交換・返品・返金します。

まず共感によって信頼感を醸成し、それから対策を講じれば、クレームへの対処はずっとスムーズにいきます。

文章力を上げる語彙

僭越《せんえつ》ながら

「僭」は目上。それを超える、つまり自分の立場や資格からすると出過ぎていますが、その失礼をお許し下さいという意味です。

「申し上げにくいのですが」「失礼ながら」「出過ぎたことを申しますが」よりも格式の高い表現ですが、スピーチの前置きでよく使われるおなじみの言葉であり、時と場合によって使い分ければいいでしょう。

「**僭越ながら私の考えを申し述べます**」といった具合です。

おこがましい

「烏滸がましい」と書きます。昔の中国で、わけもないのに川のほとり（滸）に集まってカラス（烏）のようにガヤガヤ騒いでいる人を「烏滸」と呼んでいました。烏滸がましいとは、それと似ている様子。みっともない、バカみたいですが……という謙譲表現です。

『落窪《おちくぼ》物語』や『源氏物語』に用例が見え、日本でも古くから使われていた言葉です。

「**大変おこがましいのですが、私もそのように理解しております**」のように使います。

「**差し出がましい**」も同様に使える言葉です。

若輩

自分はまだ未熟で経験不足です、とへり下る表現。苦情を訴える相手に「**私のような若輩者が申し上げるのは思い上がりもはなはだしく存じますが……**」のように使います。

「**青二才**」「**未熟者**」「**浅学非才**《せんがくひさい》」なども同様に使えます。

管見《かんけん》

竹の管《くだ》を通して見るという意味から、自分の見識の狭さを謙遜して表します。言いにくいことを伝える時に「**管見ながら**」と添えてクッション言葉に使えます。

似通った表現に、「**臆見**《おっけん》**ながら**」（憶測にすぎませんが）、「**謬見**《びゅうけん》**とは存じますが**」（誤った考えかもしれませんが）、「**我見**《がけん》**ながら**」（自分一人の偏った意見ですが）、「**愚見を申し述べますと**」（愚かな意見ですが）などがあります。

寡聞《かぶん》にして

「寡」は少ない。「聞くことが少ない」ことから勉強不足、情報不足を意味する謙遜の言葉になりました。「**ご教示を受けた件、寡聞ながら存じませんでした**」のように使います。

「見識不足」「勉強が足りず」「不勉強で……」「教養に欠け……」なども同じように使われます。

手前味噌

自分で自分を誇ること。何かを自慢する時、嫌味にならないようにへりくだる言葉に使えます。**「手前味噌で恐縮ながら、これこそ当社自慢の製品です」**といった具合です。

同じように使える言葉に**「自画自賛」**などがあります。

よんどころない

「拠所ない」と書き、そうするよりほかにしょうがないという意味で、具体的な理由を示さずにノーを言ったり弁解したりできる言葉です。**「よんどころない事情により、中止の仕儀とあいなりました」**のように使います。

『太平記』に「拠《よんどころ》なしとて、返牒《へんちょう》をば送られず」とあり、室町時代には使われていたようです。

「**やむを得ない**」「**致し方ない**」「**不可抗力で**」なども同様に使えます。

語弊《ごへい》がある

文字通り言葉の弊害という意味で、誤解を招きやすい言い方をする時に添えると便利な言葉です。「**僻遠《へきえん》の地といえば語弊がありますが、確かに遠隔地ではあります**」のように使います。

「**誤解を招く言い方ながら**」「**言葉は悪いのですが**」「**必ずしも適切でない言い方ですが**」などと表現することもできます。

言わずもがな

言葉にしないほうがいいのですが……というクッション言葉です。「言わずもがなながら、一同落胆しております」といった感情表現には使わず、「**言わずもがなですが、暖冬だった場合の対応に言及いただければと存じます**」のように使います。

あるいは苦情が相手の誤解であった場合に事実を伝える時に添える言葉としても使えます。

「蛇足ですが」「念のために」「今さらながら」「言うまでもないことながら」なども同様の意味に使えます。

忌憚《きたん》のない

「忌憚」は忌みはばかること、遠慮すること。「忌憚のない」「忌憚なく」という形で、遠慮や気がねすることなく、という意味になります。言いにくいかもしれないけれど、ズバリ意見を言ってもらいたい時に添える定番の言葉です。**「忌憚のないご意見をお聞かせ下さい」**というように使います。

もちろん、こう言われたからといって「率直に申して最低だと思います」などと返すのは危険です。「語弊があるかもしれませんが」「言わずもがなのことながら」などとクッション言葉をはさみながら慎重に意見を伝えます。

「本音をお聞かせ下さい」「腹蔵なく言って下さい」「遠慮なく言って下さい」などと言い換えることもできます。

膠着状態《こうちゃくじょうたい》

「膠着」とは状態が固定して変化しないこと。にっちもさっちもいかないことを表現する時に使えます。「**本件は膠着状態に陥っており、方向性が出るまで今しばらくのご猶予を下さい**」といった具合です。

同様の言葉に「**手詰まり状態**」「**デッドロック**」「**袋小路**」「**思案投げ首の状態**」などがあります。

暫定《ざんてい》

はっきり決めるまでの仮決めのこと。結論は出ていないが、何かを決めておかないと話が進まない、といった状況などで便利な言葉です。「**正式決定ではございませんが、暫定的に4月開催で進めます**」のように使います。

同様の言葉に「**とりあえず**」「**仮に**」「**さしあたり**」「**一時的に**」「**ひとまず**」などがあります。

ご放念下さい

「忘れて下さい」「なかったことにして下さい」「気にしないで下さい」などと伝えたい時に使う言葉です。

「先ほどの件、私どもで手配できることになりましたので、どうぞご放念下さい」のように使えば「お忘れ下さい」になります。

また、「おやめ下さい」と伝えたいなら、**「私どもにはもったいないことでございます。どうか、以後はご放念下さいますように」**のように使って、相手の気持ちを損なわないように配慮します。

「お心づかいはご無用に」「ご心配には及びません」なども言い換えられます。

遺憾《いかん》

思い通りにいかず残念なさまをいいます。**「このたびの失態、まことに遺憾に存じます」**のように使います。

ただし、政治家や官僚が多用することからもわかるように、単に「残念だ」と言っているだけで、謝罪の意味は希薄。はっきり謝罪すると不利になるので「遺憾」という言葉を選ぶのかもしれません。ビジネス文章で「遺憾」の使用例が多くないのは、政治とビジネスの性格差という気もします。

終章

使うべきカタカナ語45
ニュアンスを
的確に使い分ける

何を基準にカタカナ語を選ぶか

「リスケをお願いします」と社内メールが届き、「リスケ？　知らない」と検索する。「リスケジュール……予定を組み直すってことか」とわかるまでの1～2分間といえども貴重な仕事時間。「日本語で書けよ」とイラッとして、スムーズに流れていた事務処理作業に雑念が入ってしまった……。

ビジネスシーンでは新しいカタカナ語（外来語）が次々と登場します。こんなふうにイラッとしたり、「カタカナ語を使いすぎ。嫌味だよ」「このカタカナ語は誤用じゃないか？」と思ったりすることがままあるものです。

私は基本的に、**日本語に言い換えがきく場合はできるだけ日本語を使うほうがよい**

と考えています。

しかし、外来語が次第に増えていくのは、言葉の本質的な進化です。

私たち日本人は、大和言葉《やまとことば》という美しい日本語に加えて、漢語を積極的に取り入れてきました。カタカナ語も、やがては日本語として確かな位置を占め、表現力をより深め、多様化させる要素になっていくに違いありません。言葉とは、そのように成熟していくものなのです。

なので、次の3つの基準を目安にしながら使っていけばいいと思います。

1つ目は、**日本語ではカタカナ語の意味が言い表しにくい場合**です。

たとえば、「アイデンティティ」。

エリク・H・エリクソンという心理学者が20世紀の半ば頃に使い始めた概念ですが、「自己同一性」では意味が通りにくい。「存在証明」は、それよりはわかりやすい訳語ですが、「アイデンティティを大切にする」を「存在証明を大切にする」と言うと、日本語としてフィットしません。

そんな場合は、カタカナ語のまま使っていいでしょう。

ただ、たとえば「セレンディピティ」のように定着していないカタカナ語だと困ります。ホレス=ウォルポールという作家の造語で、思わぬ発見をする能力のことです。この場合は「セレンディピティ（思わぬ発見をする能力）」というようにカッコで説明するのも手段の1つです。

「幸運発見能力《セレンディピティ》」というように振り仮名を使うのも、日本語ならではのすぐれた方法です。かつて坪内逍遥《しょうよう》がシェークスピアを訳す時に多用しました。「キャプテン《船長》」「船長《キャプテン》」といった具合です。

こんな場合は文脈で判断する

カタカナ語を使う基準の2つ目は、**カタカナ語とそれに対応する日本語では、ニュ**

アンスが微妙に違ってくる場合です。

たとえば「レジェンド」と「伝説」は同じ意味ですが、ニュアンスが微妙に違っています。「リスペクト」と「尊敬」や、「コンプライアンス」と「法令遵守《じゅんしゅ》」などもそうです。

あるいは、「ダイバーシティ」と「多様性」。

「多様性」は一般的な表現ですが、「ダイバーシティ」には「性別とか民族、立場といった差異に対して寛容であろう、差異を認めよう」という人権的な意識の高まりが含まれています。

そういう意識を含めるのなら、「わが社も多様性を重視しよう」ではインパクトが薄く、「わが社もダイバーシティを重視しよう」と言うほうがいいでしょう。

つまり、文脈で使い方を判断するのです。

「イノベーション」もそうです。

「改革」「改良」「刷新」「新機軸」「技術革新」といった訳語があります。ズバリ技術革新を言いたいのなら日本語で、もっと幅広い概念を表したいのなら「イノベーション」で、というふうに判断すればいいと思います。

カタカナ語を使う基準の3つ目は、**一般的な日本語として認知されている場合**です。

朝日新聞、毎日新聞、読売新聞、日本経済新聞といった**全国紙で使われているかどうか。『広辞苑』に載っているかどうか**。自分の**会社や仕事でよく登場するかどうか**。

この3つで考えれば判断ができると思います。

あなたの日本語の進化のために

IT業界などはカタカナ語を多く使いますが、たとえば法曹界などではほとんど使いません。

それには歴史的な理由があります。

法律用語が日本の近代化に伴って欧米から急速に入ってきた時、法学者たちは1語1語を営々と訳しました。そのお陰で、日本人は日本語の教科書で法律を学べるようになったのです。そのため、法曹界はカタカナ語をあまり使わないですむようになりました。

一方、IT業界は新しい分野ですから、そういう営みを経ることなく、カタカナ語でやりとりするようになったのです。

私たちは、日本語で学問をするのは当たり前だと感じています。でも、実は、**高度に専門的な知識を日本語で読み書きできるのは、日本が成熟しており、日本語がレベルの高い言語体系だからこそできる**のです。

発展途上国の中には、高校から教科書が母国語ではなくなり、英語になる場合があります。その場合、大学はもちろん英語。母国語が先進国の概念を訳せていないために、やむを得ず外国語で学ぶのです。

言語は進化します。日本語も進化中です。日本語の進化のためにも、カタカナ語を敬遠も濫用《らんよう》もせず、正しく選んでバランスよく使っていきましょう。

文章力を上げるカタカナ語

アサインメント　assignment

任命する、割り当てる。割り当てられた任務。

「企画課長にアサインされたAさんにお引き合わせ下さい」のように略して使われたりします。

アジェンダ　agenda

検討課題。議題。議事日程。行動予定。行動計画など。「プラン」より積極的で、すぐに実行できるものであることがポイントです。

「例の案件のアジェンダをメールでお送り下さい」のように使います。

アライアンス　alliance

提携先、協力関係にあること。複数の企業が提携し、より大きな発展を目ざす経営戦略。「ライバル社とアライアンスするという大胆な戦略」のように使います。

イノベーション　innovation

改革、革新、新機軸、刷新、技術革新など。
「積極的にイノベーションを行い、旧体質から脱却します」のように使います。

インセンティブ　incentive

やる気や意欲を引き出すための刺激。ビジネスでは目標を達成した場合に与える報酬などをいい、「出来高払い」を「インセンティブ契約」と言ったりします。

「販売店に対するインセンティブも十分考えた販促計画です」のように使います。

ウインウイン　win-win

双方が利益を得る関係になること。

「技術力の御社と営業力では自信がある弊社が提携すれば、ウインウインの関係になると確信しています」のように使います。

エビデンス　evidence

証拠。ビジネスでは書面やデータで記録を残すこと。

「会議のエビデンスをファイル添付いたします」のように使います。

OJT《オージェイティー》　On the Job Training

実際に仕事をしながら技能を習得させる研修のこと。
「当社の営業実習は基本的にＯＪＴを主体に行っています」のように使います。

オルタナティブ　alternative

代案。「Ａ社との取引を切る前に、オルタナティブがあるかどうか、再考すべきではないでしょうか」のように使います。

キャパシティ　capacity

能力、容量。人にもモノにも使われます。よく「キャパ」と省略されます。
「Ａ支社のスタッフ数や技術力など、キャパは大丈夫でしょうか」のように使います。

キャリア　①career　②carrier

①は経歴、専門的な技能の持ち主。国家公務員試験総合職（旧Ⅰ種・上級甲種）の合格者をさすこともあります。

「Aさんのキャリアなら全幅の信頼でお任せできます」のように使います。

②は主に携帯電話の通信業者をいい、具体的にはＮＴＴドコモ、ａｕ（ＫＤＤＩ）、ソフトバンクをさします。

「格安携帯の信頼性はキャリアと同じくらい高いのですか」のように使います。

クラウド　①cloud　②crowd

①は雲、もしくは雲をイメージした言葉で、インターネットを駆使してデータベース、サーバーなど各種のリソースを使うこと。

「クラウドコンピューティングはコンピュータの新しい技術というより、新しい使い方です」のように使います。

②は群衆を意味し、ネットを通じて不特定多数の人にコンテンツやアイデアなどを

求める場合に使います。「クラウドソーシングを利用すると、仕事の効率が飛躍的に高まります」「クラウドファンディングは、これまでとはまったく異なる資金調達法です」のように使います。

コミットメント　commitment

責任を持って引き受ける。目標や約束に対して誠意と責任をもって関わる。「コミットする」と略した形でもよく使われます。

「常に結果にコミットする御社の姿勢を深く信頼しています」のように使います。

コモディティ　commodity

商品の機能や品質の違いが小さくなって均質化し、価格競争力が低下すること。

「以前は画期的な製品でしたが最近はコモディティ化が進み、特売品扱いされることもあるくらいです」のように使います。

コンセンサス　consensus

関係者が同意すること。根回しし、合意を取りつけるという意味もあります。
「最終決定の前に、契約相手とのコンセンサスを得ておきたい」のように使います。

コンプライアンス　compliance

法令遵守。ビジネスでは法律だけでなく、社会的ルールや倫理などを守る意味に使われることも多いようです。

「あらゆる面でコンプライアンスを確立し、消費者の信頼を得るように努力しています」のように使います。

コンペティター　competitor

競争相手、競合相手。ライバル。

「今回の企画コンペ（コンペティション＝競い合い）のコンペティターは手ごわいと聞いています」のように使います。

サマリー　summary

まとめ、要約、概略。「昨日の会議のサマリーを添付します」のように使います。

シナジー　synergy

相乗作用。ビジネスでは、いくつかの要素や活動を連係させ、より価値ある成果を出すことをいいます。

「１＋１が３にも４にもなるのがシナジー効果のすごいところ」のように使います。

シュリンク　shrink

縮む、市場が小さくなること。またはデータを圧縮する場合にも使われます。

「世代交代が進み、市場がすっかりシュリンクしてしまった」のように使います。

ショート　short

不足する。ビジネスでは主に資金繰りが厳しくなるという意味で使われます。
「急に資金ショートに追い込まれるなんて、何があったのか」のように使います。

スキーム　scheme

計画、仕組み、体系、構成、企て。ビジネスでは、枠組みのある計画、体系立った事業計画などの場合によく使われます。

「合併前に、人材面を調和させるスキームを確立する必要がある」のように使います。

ステークホルダー　stakeholder

企業経営に関する利害関係者。株主、顧客、従業員、関係業者や協力先、金融機関、地域社会まで含まれます。

「ステークホルダーすべての満足を得られるように努力する」のように使います。

セグメント　segment

断片、部分、分割されたもの。ビジネスでは特定の基準で細分化した1つ1つの塊《かたまり》を意味します。コンピュータの長いプログラムや膨大なデータを分割したものをさす場合もあります。

「新製品の販売実績を、消費者の年齢層別にセグメントした」のように使います。

タスク　task

作業、課題、仕事、課題。さまざまな「タスク」が集まって「プロジェクト」が成立する関係です。ＩＴ業界などではコンピュータが処理する仕事の最小単位を示し、複数の機能を持つことを「マルチタスク」と言います。

「めいめいが自分のタスクを確実にこなすようにして下さい」のように使います。

ダイバーシティ　diversity

多様性。女性の登用を進める意味に使われてきましたが、最近は人種、年齢、学歴などを問わずに人材を登用し、その多様性を強みにする取り組みをさします。「ダイバーシティにおいて遅れを取ると競争力が低下します」のように使います。

デシジョン　decision

決定、決意。ビジネスでは、重要事項に関する意思決定に用いられ、「新社長はデシジョンメイキング（意思決定）が非常に速いですね」のように使います。

デフォルト　default

債務不履行。国家経済が破綻に瀕した場合などに頻出する言葉です。「ギリシャはかつてデフォルトの危機にあった」のように使います。

ナレッジ　knowledge

知識や情報。ビジネスでは付加価値をもたらす有益な情報や知的資産などのこと。「スタッフ1人1人の情報を共有化し、組織のナレッジにする」のように使います。

ニッチ　niche

原義は隙間やくぼみ。そこから、小規模だがニーズが確実にあるビジネスや、独自市場などをさすようになりました。「まずはニッチ市場への参入からスタートしよう」のように使います。

バジェット　budget

予算。最近は低予算という意味で使われることが多く、「バジェットトラベラー」は低予算の旅行者をさします。

「バジェットトラベラーのために民泊の態勢を強化する」のように使います。

パラダイム　paradigm

ある時代や分野の特徴を表す考え方のこと。「パラダイムシフト」とは、時代の変容によってものの考え方が大きく変化することをいいます。

「少子高齢化の現在は大胆なパラダイムシフトが求められる」のように使います。

PDCA《ピーディーシーエー》サイクル　Plan-Do-Check-Act cycle

計画→実行→評価→改善のプロセスを繰り返すこと。

「ＰＤＣＡサイクルによって仕事は継続的に改善、発展していく」のように使います。

BtoB《ビートゥビー》　Business to Business

企業間取引。Ｂ２Ｂとも表記。企業と一般顧客の取引は「ＢtoＣ（Business to

Consumer）と言います。

「業態をＢ２ＢからＢ２Ｃに大胆に変えていく」のように使います。

フィックス　fix

固まる、固定する。ビジネスではしばしば、場所、時間、内容などをしっかり決めること。「会議の日時を今日中に先方とフィックスしてくれ」のように使います。

プライオリティ　priority

優先度、優先すること。

「やるべきことのプライオリティを決めてから着手せよ」のように使います。

ボトルネック　bottleneck

円滑な進行や発展の妨げになっている要因。

「人員不足がボトルネックになって機能していません」のように使います。

マイルストーン　milestone

道路に置かれた里程標。ビジネスでは中間目標、経過点などの意味に使われます。「マイルストーンごとにクリアしていけば予定が狂うはずはない」のように使います。

リスクヘッジ　risk hedge

危険を回避すること。危険を承知であえて大胆な策を取る場合は「リスクテイク」といいます。

「リスクヘッジのために、金融資産の一部を銀行預金にしよう」のように使います。

リソース　resource

資源。ビジネスでは人、物、お金などの経営資源全般をいいますが、特に「ヒューマンリソース（人的資源）」として使われることが多いようです。

「人事課をＨＲ（ヒューマンリソース）課と呼ぶことにします」のように使います。

リテラシー　literacy

読み書きできる能力、識字率。ビジネスでは、ある分野の知識、理解力、活用力があることをいいます。金融リテラシー、環境リテラシー、情報リテラシーなどです。「発展途上国でも環境リテラシーが高まり、環境への影響を意識した自然エネルギーの利用が急速に進んでいます」のように使います。

リノベーション　renovation

手を加えて修復すること。小規模だとリフォーム、大規模だとリノベーションと使い分けることが多く、「リノベーションによって新築物件同様にしよう」などと使われます。

経営用語としては、改革、刷新などを意味します。

レジェンド　legend

伝説。最近では、業界の語り草になっているとか、すごい記録を残して憧れやリスペクトの対象になっている人などをさすことが多いようです。

「成約月15件を3年間続けた彼こそレジェンドそのものです」のように使います。

レジュメ　resume

要旨、要約、まとめ、概略。最近では履歴書という意味で使うこともあります。

「お手元のレジュメを参照しながらお聞き下さい」のように使います。

ローンチ　launch

船が進水するという意味から、新製品や新企画を立ち上げて市場に投入すること。

「大型商品のローンチの噂で競合各社は戦々恐々としています」のように使います。

必ずしも適切でない言い方ですが、古いと思います ……… 162

言わないほうがいいのですが

言わずもがなですが、
暖冬だった場合の対応に言及いただければと存じます ……… 162
×言わずもがなですが、一同落胆しております ……… 162
蛇足ですが一言申し上げます ……… 163
念のために一言申し上げます ……… 163
今さらながらですが一言申し上げます ……… 163
言うまでもないことながら一言申し上げます ……… 163

思う／決まる

思います

拝察します ……… 57
推察します ……… 57
存じます ……… 57
見ております ……… 57
にらんでいます ……… 57
印象を受けます ……… 57
想像しております ……… 57
感じております ……… 57
考えております ……… 57

決まりました／変わりました

会議は明日13時開催の運びとなりました ……… 59
会議は明日13時開催とあいなりました ……… 60

私の誇りです

部長のご栄転は私ども一同にとっても至上の喜びです …… 111
ご栄転は私どもにとっても無上の喜びです …… 112
ご栄転は私どもにとっても究極の喜びです …… 112

言いにくいのですが

言うべき立場ではないですが

僭越ながら私の考えを申し述べます …… 159
申し上げにくいのですが、考えを述べさせて下さい …… 158
失礼ながら申し上げます …… 158
出過ぎたことを申しますが… …… 158
大変おこがましいのですが、私もそのように理解しております …… 159
差し出がましいのですが、私もそう理解しております …… 159

未熟者ですが

私のような若輩者が申し上げるのは
思い上がりもはなはだしく存じますが… …… 159
私のような青二才が申し上げにくいのですが… …… 160
私のような未熟者が申し上げにくいのですが… …… 160
浅学非才の身で申し上げにくいのですが… …… 160

考えが浅く恐縮ですが

管見ながら申し上げます …… 160
臆見ながら申し上げます …… 160
謬見とは存じますが、申し上げます …… 160
我見ながら申し上げます …… 160
愚見を申し述べますと… …… 160

自慢になってしまいますが

手前味噌で恐縮ながら、これこそ当社自慢の製品です …… 161
自画自賛ながら、これこそ当社自慢の製品です …… 161

誤解しないで下さい

僻遠の地といえば語弊がありますが、確かに遠隔地ではあります …… 162
誤解を招く言い方ながら、古いと思います …… 162
言葉は悪いのですが、古いと思います …… 162

類を見ない業績 111
無類の業績 111
比肩できない業績 111
かつてない業績 111
右に出る者がない業績 111
別格の業績 111
格別の業績 111

抜群です

彼は若手社員の中では出色の働きぶりです 112
傑出した能力 112
秀逸な発想 112
卓抜した才能 112
目覚ましい躍進 112
屈指の技術力 112

鋭いです

部長の慧眼には感服いたしました 114
部長はお目が高い 115
部長は目に狂いがない 115
部長は眼力がある 115

尊敬します

敬服します

これまでのご努力には頭が下がります 113
△ご努力には頭が上がりません 113
ご努力に敬服されられます 113
ご努力に脱帽いたします 113
ご努力に感服いたします 113

影響されます

私が今日あるのも部長の薫陶を受けたお陰です 114
部長には大いに学ばせていただきました 114
部長には貴重な教えをいただきました 114
私も貴兄にあやかりたいと思います 114

諸事情なにとぞお察し下さい …… 143
諸事情なにとぞご高察下さい …… 143

理由は申せませんがノーです

よんどころない事情により、中止の仕儀とあいなりました …… 161
やむを得ない事情により中止となりました …… 162
致し方なく中止となりました …… 162
不可抗力で中止となりました …… 162

にっちもさっちもいきません

本件は膠着状態に陥っており、
方向性が出るまで今しばらくのご猶予を下さい …… 164
手詰まり状態にあり、前に進めません …… 164
デッドロックに乗り上げており、前に進めません …… 164
袋小路に入っており、前に進めません …… 164
思案投げ首の状態にあり、前に進めません …… 164

やってはみますが

正式決定ではございませんが、暫定的に４月開催で進めます …… 164
とりあえず進めますが… …… 164
仮に進めますが… …… 164
さしあたり進めますが… …… 164
一時的に進めますが… …… 164
ひとまず進めますが… …… 164

すごいですね

素晴らしい

珠玉の短編アニメ …… 110
△珠玉の大長編アニメ …… 110
まれに見る才能を発揮されました …… 111
稀代の才能を発揮されました …… 111
稀有な才能を発揮されました …… 111
まさに長年の研鑽の真骨頂というべきでしょう …… 112

この上ない

比類ない業績、感服いたします …… 110

ご要望下さい 86

ノーです

すみませんがノーです

やむなく参加を見合わせさせていただきます 140
まことに残念ながら今回は見合わせます 140
御社のお申し出をお断りするなど、まさに苦渋の決断でございました 142
お断りするのは厳しい判断でした 142
お断りするのは断腸の思いでございます 142
お断りするのは身を切られるような思いです 142

はっきり言いませんがノーです

お気持ちだけ頂戴します 107
お申し越しの件、私にはいささかハードルが高いようです 141
お申し越しの件、難しい状況です 141
お申し越しの件、容易ではありません 141
お申し越しの件、一筋縄ではいきません 141
お申し越しの件、板挟みになっております 141
本件、決定までに少しのご猶予を下さい 141
本件、お時間を下さいませ 142

はっきり言ってノーです

今回はご遠慮申し上げます 140
今回はご辞退させていただきます 140
今回は拝辞させていただきます 140
今回は差し控えさせていただきます 140
△結構でございます 140
お引き受けしかねます 141
即断しかねます 141
ご希望に沿いかねます 141

ムリな状況です

ノーと言う事情もご理解下さい

諸事情なにとぞご賢察下さい 143

ぜひ来て下さい
万障お繰り合わせの上ご出席願い上げます …… 88
当日、会場にてお目にかかれることを楽しみにしております …… 88

皆さんで来て下さい
皆様お誘い合わせの上、おいで下さい …… 88

待っています

待っています（丁寧）
鶴首してお待ち申し上げます …… 89
一日千秋の思いでお待ちします …… 89

待っています（一般的）
心待ちにしております …… 89
心よりお待ち申し上げます …… 89
お待ちしております …… 89
お待ち申し上げております …… 89

オーケーです

了解しました
拝承いたしました …… 58
承知いたしました …… 58
かしこまりました …… 58
△了承いたしました …… 58
×諒（了）とします …… 58

引き受けます
微力ながら尽力いたします …… 83
×私がお力添えします …… 83
なんなりとご用命下さい …… 86
なんなりと仰せつけ下さい …… 86
なんなりとお申しつけ下さい …… 86
ご請求下さい …… 86
お問い合わせ下さい …… 86

お手数をおかけいたしますが、よろしくお願い申し上げます …… 79

時間がないでしょうがお願いします

お忙しい中、よろしくお願いいたします …… 80
お忙しいところ、恐れ入りますがお願いいたします …… 80
お忙しい中、お手数ですがお願いいたします …… 80
ご多用のところ恐れ入りますが、お願いいたします …… 80
ご多忙の折恐れ入りますが、お願いいたします …… 80
ご繁忙とは存じますが、お願いいたします …… 80

都合がつけばお願いします

お差し支えなければ、資料をお送り下さい …… 80
ご面倒でなければ、資料をお送り下さい …… 81
可能であれば、資料をお送り下さい …… 81
△お手すきのさいに、資料をお送り下さい …… 81

気が引けるのですがお願いします

厚かましいお願いとは存じますが、なにとぞご高配下さい …… 82
ご迷惑とは存じますが、なにとぞご高配下さい …… 82
お願いするのは忍びないのですが、なにとぞご高配下さい …… 83
お願いしにくいのですが、なにとぞご高配下さい …… 83
お願いするのは恐縮至極なのですが、なにとぞご高配下さい …… 83

来て下さい

来て下さい（丁寧）

ご臨席の栄を賜りたく、お願い申し上げます …… 87
ご光臨をお待ち申し上げます …… 87
ご来駕をお待ち申し上げます …… 87
ご来場いただければ望外の喜びです …… 90

来て下さい（一般的）

ご足労いただけますか …… 87
足をお運び下されば幸いです …… 87
ご来訪下さい …… 87
ご来場下さい …… 87
ご来店をお待ち申し上げます …… 87

見て下さい

ぜひご来場いただきご高覧を賜りますよう… 85
ご来場いただきご上覧を賜りますよう… 86
ご来場いただきご清覧を賜りますよう… 86
ご来場いただきご尊覧を賜りますよう… 86

わかって下さい

ご賢察下さい 58
×ご拝察下さい 58

本音を言って下さい

忌憚のないご意見をお聞かせ下さい 163
本音をお聞かせ下さい 163
腹蔵なく言って下さい 163
遠慮なく言って下さい 163

忘れて下さい、気にしないで下さい

先ほどの件、私どもで手配できることになりましたので、どうぞご放念下さい 165
ご心配には及びません 165

やめて下さい

私どもにはもったいないことでございます。どうか、以後はご放念下さいますように 165
お心づかいはご無用にお願いいたします 165

待って下さい

商品のお納めまで1週間のご猶予を賜れば幸いです 141

すみませんがお願いします

すみませんがお願いします

恐れ入りますが、なにとぞよろしくお願い申し上げます 78
まことに恐縮ですが、よろしくお願い申し上げます 79
恐悦至極に存じますが、よろしくお願い申し上げます 79

手がかかりますがお願いします

お手数ながらよろしくお願い申し上げます 79

謹んでお願いいたします……82
なにとぞお願いいたします……82
せつにお願いいたします……86
△くれぐれもお願いいたします……82

確実にお願いします
修正は４月１日（木）までにご一報いただければ幸いです……85
修正は４月１日（木）までにご連絡賜れば幸甚です……85

お願いします（具体的）

力を貸して下さい
なにとぞお力添え下さい……83
お知恵をお借りしたく存じます……84
お骨折りいただけますでしょうか……84
△ご尽力のほど、よろしくお願いいたします……83

サポートして下さい
なにとぞお助け下さい……84
ご支援のほどをお願い申し上げます……84
どうぞご協力下さい……84
ぜひサポートをお願いします……84
よろしくお口添え下さい（紹介・推薦）……84
よろしくおとりなし下さい（人間関係の調整）……84

教えて下さい
明日の会議の詳細をご教示下さい……61
お教え下さい……61
お示し下さい……61
ご教授下さい……61

読んで下さい
添付書類をご清覧いただければ幸いです……59
ご一読をお願いします……59
お読み下さい……59
お目通し下さい……59
△ご笑覧下さい……59

とんだ失態をしてしまいました 143

今後は気をつけます

心します

以後、肝に銘じます 138
以後、銘記します 138
以後、胸に刻みます 138
以後、心に刻みます 138
万に一つも遺漏なきよう、心してまいりたいと存じます 139

態度を改めます

二度と繰り返さぬよう襟を正して歩み出したいと存じます 139
心を入れ替えて歩み出したいと存じます 139
態度を改めて歩み出したいと存じます 139
ネジを巻き直して歩み出したいと存じます 139

行き違いを反省しています

齟齬をきたさないようによく検討いたします 144
想定外の事態になりましたが、よく検討いたします 144
思わぬことになりましたが、よく検討いたします 144
誤算が生じましたが、よく検討いたします 144
目算が外れましたが、よく検討いたします 144
予期せぬ方向に進みましたが、よく検討いたします 144
予想が裏切られましたが、よく検討いたします 144

お願いします（一般的）

お願いできますか？

お引き受けいただければ幸甚です 89
ご快諾賜れば幸いです 90

真剣にお願いします

せつにお願い申し上げます 54
折り入ってお願いしたいことがございます 81
伏してお願いいたします 82

ミスに気づかず、合わせる顔がありません …… 136
ミスに気づかず、穴があったら入りたい思いです …… 136
ミスに気づかず、身の置きどころがありません …… 136

反省しています
慚愧に堪えません …… 136
慚愧の念に堪えません …… 136
自責の念に堪えません …… 137
悔恨の情はなはだしく… …… 137
痛恨の念はなはだしく… …… 137

恥じ入っております
力が及ばず、まことに忸怩たる思いです …… 137
悔やんでも悔やみきれない思いです …… 137
行き場のない思いです …… 137
やりきれない思いです …… 137
後悔の念を抱いております …… 137
臍をかんでおります …… 137
うちのめされる思いです …… 137
大変な不始末、恐懼に堪えません …… 138

責任は私にあります
すべて私の不徳のいたすところです …… 135
すべての責任は私にあります …… 135
面目ありません …… 135

責任はないものの残念です
このたびの失態、まことに遺憾に存じます …… 165

痛恨のミスでした
とんだ粗相をしてしまいました …… 143
とんだ間違いをしてしまいました …… 143
とんだ過ちをしてしまいました …… 143
とんだ過誤をしてしまいました …… 143
とんだ手落ちをしてしまいました …… 143
とんだ手違いをしてしまいました …… 143
とんだ不手際をしてしまいました …… 143

会いもせずすみません

本来ならば拝眉の上ご挨拶すべきところ …… 60
お会いした上でご挨拶すべきところ …… 60
お目にかかった上でご挨拶すべきところ …… 60

勘弁して下さい

許して下さい

このたびの失態、なにとぞご寛恕下さい …… 132
失態、ご勘弁下さい …… 133
失態、ご容赦下さい …… 133
失態、ご堪忍のほどを …… 133
ご不便をおかけしましたこと、
ご海容賜りますよう伏してお願い申し上げます …… 133
なにとぞご宥恕下さい …… 133
なにとぞご寛宥下さい …… 133
なにとぞご宥免下さい …… 133
なにとぞご海恕下さい …… 133
今回だけはどうぞお目こぼし下さい …… 134
今回だけはどうぞお見逃し下さい …… 134
お許し下さい …… 132

手加減下さい

事情をご賢察の上、どうぞご斟酌下さい …… 134
事情を忖度していただければ幸いです …… 135
事情をお汲み取りいただければ幸いです …… 135
事情をご推察いただければ幸いです …… 135
事情をご賢察いただければ幸いです …… 135

お恥ずかしいです

ひたすら恐縮です

ご指摘を受けるまで自分のミスにまったく気づかず、
汗顔の至りと申すほかはありません …… 136
ミスに気づかず、赤面の至りです …… 136
ミスに気づかず、顔向けができません …… 136

お陰様です
ひとえに皆様のご支援の賜物です …… 53

サポートを感謝します
ひとかたならぬご尽力を賜り、誠にありがとうございました …… 84

感謝の品をあげます
進呈します …… 108
贈呈します …… 108
謹呈します …… 108
心ばかりの品ですが …… 109

すみません・ごめんなさい

詫びます
幾重にもお詫び申し上げます …… 53
重ね重ねお詫び申し上げます …… 53
重ねてお詫び申し上げます …… 53
ひとえにお詫び申し上げます …… 53
伏してお詫び申し上げます …… 82
失礼いたしました …… 133
申し訳ありません …… 133

深く詫びます
妄言深謝 …… 106
多謝いたします …… 106
お詫びの言葉もありません …… 133
ひたすら陳謝申し上げます …… 133
ただただ深くお詫びいたします …… 133

勉強不足ですみません
ご教示を受けた件、寡聞ながら存じませんでした …… 160
見識不足で申し訳ありません …… 161
勉強が足りず申し訳ありません …… 161
不勉強で申し訳ありません …… 161
教養に欠け申し訳ありません …… 161

重ねてお礼申しあげます …… 53

深く感謝します

おほめの言葉をいただき、痛み入ります …… 104
ご配慮を賜り、恐悦至極に存じます …… 105
多年のご厚誼に深謝いたします …… 106
多謝いたします …… 106
拝謝いたします …… 106

感謝感激です

行き届いたおもてなしにお礼の言葉もありません …… 106
感謝の言葉もありません …… 107
どのような言葉で感謝を申し上げればよいかわかりません …… 107
お心づくしのおもてなしをありがとうございます …… 108
大変素晴らしいおもてなしをありがとうございます …… 108
心のこもったおもてなしをありがとうございます …… 108
またとない眼福を得ることができ、今も感動が消えません …… 115
先日は傑作を拝聴させていただき、ありがとうございました …… 116

恐縮なほど感謝します

身にあまる光栄です …… 109
身に過ぎる光栄です …… 109
過分なお言葉をありがとうございます …… 109
分不相応のお言葉をありがとうございます …… 109
私にはもったいないお言葉でございます …… 109

もらって感謝です

結構なお品を賜り、感謝に堪えません …… 48
結構なお品をいただき、感謝に堪えません …… 49
結構なお品を頂戴し、感謝に堪えません …… 49
結構なお品を頂戴し、まことにかたじけなく存じます …… 105
ありがたく頂戴いたします …… 107
ありがたく拝領いたします …… 107
ご著書をご恵贈賜り、ありがとうございます …… 108
ご恵投いただき、ありがとうございます …… 108
ご恵与いただき、ありがとうございます …… 108

詳しくは会った上で
拝眉の上でご説明いたします……60
お会いした上でご説明いたします……60
お目にかかった上でご説明いたします……60

自分は／あなたは

私たち、ウチ
私ども……54

私らの会社
弊社……55
小社……55
△当社・わが社……55

私の
拙文（文章）……56
拙著（著書）……56
愚行・愚案（考え）……56
浅慮（考えや配慮）……57
浅学（教養や知識）……57
非才・非力（才能や力量）……57

あなた様
貴社・御社（会社）……56
貴行・御行（銀行）……56
貴庁・御庁（役所）……56

あなたの
令息・令嬢（子ども）……56
尊顔・尊容（顔かたち・姿）……56

ありがとうございます

お礼いたします
幾重にもお礼申しあげます……53
重ね重ねお礼申しあげます……53

初めまして／お久しぶりです

初めて連絡します

不躾ながらメールを差し上げます …… 49
恐縮ながら初めてメールを差し上げます …… 49
突然メールを差し上げ、申し訳ありません …… 49
初めてご連絡させていただきます …… 49
突然のメールで失礼いたします …… 49
△初めまして …… 49

お久しぶりです

ご無沙汰しております …… 50
長くご無沙汰してしまいました …… 50
久闊をお詫びします …… 50
△お久しぶりでございます …… 50

結びの挨拶

今後ともよろしく

ご指導、ご鞭撻のほどをよろしくお願いいたします …… 62
倍旧のご高庇ご指導を賜りますようお願いいたします …… 62
倍旧のお引き立てを賜りますようお願い申し上げます …… 62
倍旧のご愛顧を賜りますようお願い申し上げます …… 62
倍旧のご高配を賜りますようお願い申し上げます …… 62

ご繁昌を祈ります

ますますのご清栄を祈念しております …… 62
ますますのご盛栄を祈念しております …… 62
ますますのご隆昌を祈念しております …… 62
ますますのご清祥を祈念しております …… 62

どうぞお元気で

ご健勝をお祈り申し上げます …… 51

また教えて下さい

今後とも末永くご教授下さい …… 61
お導きのほど、よろしくお願い申し上げます …… 61

「言い換え力」向上索引

この索引は、本書の「文章力を上げる語彙」で取り上げた言葉や用例を、実際に文章を書く時の「言い換え」「言葉選び」に役立つように並べ替えたものです。

実用性を高めるため、単語には使い方の例を補足しました。また、ビジネス文書に不向きな言葉や、使う相手・場面を選ぶ言葉は△で、誤用は×で示しました（編集部）

冒頭の挨拶

ご繁盛ですね

貴社、ますますご清栄のこととお喜び申し上げます …… 50
貴社、ますますご盛栄のこととお喜び申し上げます …… 50
貴社、ますますご隆昌のこととお喜び申し上げます …… 50
貴職にはますますご清祥のこととお喜び申し上げます …… 50
ご清祥のことと拝察します …… 57

喜んでおります

衷心よりお慶び申し上げます …… 54
心からお慶び申しあげます …… 54

お世話になっています

ご愛顧を賜り、ありがとうございます …… 48, 51
平素は何かとお引き立ていただき、ありがとうございます …… 51
平素は格別のご高配を賜り、厚くお礼申し上げます …… 52
平素は格別のご配慮を賜り、厚くお礼申し上げます …… 52
平素は格別のご厚情を賜り、厚くお礼申し上げます …… 52
平素は格別のご芳情を賜り、厚くお礼申し上げます …… 52
ひとかたならぬお引き立てを賜り、ありがとうございます …… 52
△ご贔屓をいただき、ありがとうございます …… 51
△いつも大変お世話になります …… 51

論理的でありながら感情に訴える
大人《おとな》の文章力《ぶんしょうりょく》

2018年3月31日　初版発行

著　者……齋藤孝《さいとうたかし》
発行者……大和謙二
発行所……株式会社大和出版
東京都文京区音羽1-26-11　〒112-0013
電話　営業部03-5978-8121／編集部03-5978-8131
http://www.daiwashuppan.com
印刷所／製本所…日経印刷株式会社
装　幀……市川さつき（ISSHKI／デジカル）

ISBN978-4-8047-1840-8

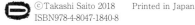